Curso
MAD360

*La diferencia entre aprobar
y sacar plaza*

Grupo Auxiliar Administrativo de la Función Administrativa
SERVICIO RIOJANO DE SALUD

Si aún no dispones de tu **Curso MAD360**, te ofrecemos un acceso GRATIS de 30 días para que disfrutes de los siguientes recursos:

- Técnicas de Memoria 360.
- MADTEST: Test *online* Nivel PRO.
- Temario en formato digital.
- Vídeos.
- Esquemas.
- Planificación de estudio.
- Foro entre opositores hasta la fecha del examen.*
- Recursos y novedades exclusivas.
- Consúltanos sobre tu oposición y proceso selectivo.
- Actualizaciones legislativas (Boletines Oficiales) hasta 60 días antes de la fecha del examen.*

AF212145

Para acceder a esta prueba del Curso MAD360** será necesaria la compra de todos los libros para esta especialidad de la edición 2025.

Regístrate en **mad.es/iniciar-sesion** y en la pestaña MIS CURSOS valida los códigos que encuentras en la última página de tus libros.

NOTA IMPORTANTE:

* Examen de esta categoría profesional correspondiente a la convocatoria publicada en el BOR n.º 155, de 13 de agosto de 2025, o hasta el 30 de septiembre de 2026, lo que se cumpla antes, y previa renovación del servicio.

** El acceso al CURSO MAD360 estará disponible desde septiembre de 2025 (algunos recursos podrían estar disponibles en fecha posterior). Tendrá una duración de 30 días RENOVABLES mediante pago, desde la validación de códigos, o hasta el 31 de marzo de 2027, lo que se cumpla antes.

MAD se reserva el derecho a ampliar dichas fechas.

Grupo Auxiliar Administrativo de la Función Administrativa del Servicio Riojano de Salud

Septiembre 2025

Grupo Auxiliar Administrativo de la Función Administrativa del Servicio Riojano de Salud

Test del Temario

Autores

DOMINGO GÓMEZ MARTÍNEZ
LICENCIADO EN DERECHO
TÉCNICO DE FUNCIÓN ADMINISTRATIVA

FRANCISCO JESÚS TORRES FONSECA
LICENCIADO EN DERECHO

JOSÉ LUIS GARRIDO VELA
LICENCIADO EN DERECHO

MARÍA JOSÉ ASQUERINO LAMPARERO
PROFESORA PERMANENTE LABORAL
UNIVERSIDAD DE SEVILLA

LIDIA PONCE MARTÍNEZ
LICENCIADA EN PSICOLOGÍA

SERGIO JIMENO MOLINS
INGENIERO SUPERIOR EN TELECOMUNICACIONES PROFESOR DE EDUCACIÓN SECUNDARIA OBLIGATORIA Y BACHILLERATO

CARLOS TOJEIRO ALCALÁ
INGENIERO INFORMÁTICO
TITULADO MCP DE MICROSOFT

© 7 Editores Recursos para la Cualificación Profesional y el Empleo, S.L. (7 Editores)
© Los autores
Primera edición, septiembre 2025 (140 páginas)
Derechos de edición reservados a favor de 7 Editores
IMPRESO EN ESPAÑA
Diseño Portada: 7 Editores
Edita: 7 Editores
Avda. San Francisco Javier, 9 · Edificio Sevilla 2 · Planta 11 · Módulos 25-27 · 41018 Sevilla
Teléfono: 954 784 411 · WEB: www.mad.es · e-mail: administracion@7editores.com
ISBN: 978-84-142-9999-9
© "Editorial Mad" y "Eduforma" son nombres comerciales registrados de
7 Editores Recursos para la Cualificación Profesional y el Empleo, S.L.

Índice

PARTE GENERAL

PARTE ESPECÍFICA

PARTE GENERAL

TEST N.º 1

La Constitución Española de 1978

1. ¿En qué se fundamenta la Constitución Española?

a) En un Estado social y democrático de Derecho.
b) En la indisoluble unidad de la Nación española.
c) En la independencia de los poderes del Estado.
d) En la organización territorial del Estado.

2. Según el artículo 3 de la CE, el castellano es la lengua oficial del Estado y todos los españoles:

a) Tienen el deber de usar y el derecho de conocer el castellano.
b) Tienen el derecho y el deber de conocer el castellano.
c) Tienen el deber de conocer y el derecho de usar el castellano.
d) Tienen el derecho de conocer y usar el castellano.

3. La Constitución Española reconoce y garantiza el derecho a la autonomía:

a) De las nacionalidades que la integran.
b) De las regiones que la integran.
c) De las Comunidades Autónomas que la integran.
d) De las nacionalidades y regiones que la integran.

4. El Preámbulo de la Constitución:

a) Tiene en sí carácter de norma jurídica.
b) Es una declaración de intenciones, destinada a interpretar lo que se quiere alcanzar con el contenido normativo de la Constitución.
c) Se trata de un texto sin fuerza jurídica de obligar.
d) Las respuestas b) y c) son correctas.

5. Señala la respuesta correcta, respecto de la aprobación, ratificación y publicación de la Constitución Española:

a) Aprobada por las Cortes el 31 de octubre de 1978, ratificada por el pueblo en referéndum el 6 de diciembre de 1978 y publicada el 29 de diciembre de 1978.

b) Aprobada por las Cortes el 30 de octubre de 1978, ratificada por el pueblo en referéndum el 16 de diciembre de 1978 y publicada el 27 de diciembre de 1978.

c) Aprobada por las Cortes el 31 de octubre de 1978, ratificada por el pueblo en referéndum el 16 de diciembre de 1978 y publicada el 29 de diciembre de 1978.

d) Aprobada por las Cortes el 10 de octubre de 1978, ratificada por el pueblo en referéndum el 26 de diciembre de 1978 y publicada el 30 de diciembre de 1978.

6. ¿En qué parte de la Carta Magna se establece la exposición de motivos que impulsan la norma constitucional y los objetivos que con ella se pretenden alcanzar?

a) En el Título Preliminar.
b) En el Preámbulo.
c) En el Título I.
d) En el Título II.

7. La Constitución Española fue sancionada por:

a) El Rey.
b) El Presidente del Congreso.
c) Las Cortes Generales.
d) El Presidente del Gobierno.

8. ¿Cuáles de los siguientes españoles de origen pueden ser privados de su nacionalidad?

a) Exclusivamente los miembros de grupos terroristas.
b) Los miembros de grupos terroristas y los que atenten contra el Rey u otro miembro de la Casa Real.
c) Los que atenten contra un miembro de la Familia Real o del Gobierno de la Nación.
d) Ningún español de origen podrá ser privado de su nacionalidad.

9. Según la CE son fundamentos del orden político y la paz social:

a) La dignidad de la persona, los derechos violables que les son inherentes y el respeto a la ley.
b) La dignidad de la persona, el desarrollo limitado de la personalidad y el respeto a la ley.

c) El respeto a la ley, a los reglamentos administrativos y demás disposiciones legales.

d) La dignidad de la persona, los derechos inviolables que le son inherentes, el libre desarrollo de su personalidad, el respeto a la ley y a los derechos de los demás.

10. ¿Cuál de los siguientes es considerado por la CE como uno de los valores superiores del ordenamiento jurídico?

a) La jerarquía normativa.
b) El pluralismo político.
c) La publicidad normativa.
d) La equidad.

11. Señala la respuesta incorrecta respecto al Tribunal Constitucional:

a) Se organiza a través de las figuras del Presidente, el Pleno, las Salas y las Secciones.

b) El Presidente, será nombrado entre sus miembros por el Rey, a propuesta del mismo Tribunal en Pleno y por un período de tres años.

c) El Pleno lo preside el Presidente del Tribunal y, en su defecto, el Vicepresidente y, a falta de ambos, el Magistrado de mayor edad.

d) La distribución de asuntos entre las Salas del Tribunal se efectuará según un turno establecido por el Pleno a propuesta de su Presidente.

12. Para la adopción de los acuerdos de las Secciones del Tribunal Constitucional, se requerirá:

a) La presencia siempre de sus tres miembros.

b) La presencia de dos miembros, salvo que haya discrepancia, requiriéndose entonces la de sus tres miembros.

c) La presencia de tres miembros, salvo que haya discrepancia, requiriéndose entonces la de sus cinco miembros.

d) La presencia siempre de sus cinco miembros.

13. Señala la respuesta incorrecta respecto a las sentencias del Tribunal Constitucional:

a) Las sentencias y resoluciones del Tribunal Constitucional tendrán la consideración de títulos declarativos.

b) Todos los poderes públicos están obligados al cumplimiento de lo que el Tribunal Constitucional resuelva.

c) Las sentencias del Tribunal Constitucional se publicarán en el Boletín Oficial del Estado con los votos particulares, si los hubiere.

d) Salvo que en el fallo se disponga otra cosa, subsistirá la vigencia de la ley en la parte no afectada por la inconstitucionalidad.

14. ¿Quién nombra a los miembros del Tribunal Constitucional?

a) El Rey.
b) El Presidente del Gobierno.
c) Las Cortes Generales.
d) El Presidente del Tribunal Constitucional.

15. ¿Cuántos de los miembros del Tribunal Constitucional son propuestos por el Consejo General del Poder Judicial?

a) Cuatro.
b) Tres.
c) Dos.
d) Ninguno.

En MADTEST tienes **más preguntas de este tema**, y todos tus avances quedan registrados y se reflejan en el ranking.

¡Supera tus límites con MADTEST!

Solución al test n.º 1

1. b) En la indisoluble unidad de la Nación española.

2. c) Tienen el deber de conocer y el derecho de usar el castellano.

3. d) De las nacionalidades y regiones que la integran.

4. d) Las respuestas b) y c) son correctas.

5. a) Aprobada por las Cortes el 31 de octubre de 1978, ratificada por el pueblo en referéndum el 6 de diciembre de 1978 y publicada el 29 de diciembre de 1978.

6. b) En el Preámbulo.

7. a) El Rey.

8. d) Ningún español de origen podrá ser privado de su nacionalidad.

9. d) La dignidad de la persona, los derechos inviolables que le son inherentes, el libre desarrollo de su personalidad, el respeto a la ley y a los derechos de los demás.

10. b) El pluralismo político.

11. c) El Pleno lo preside el Presidente del Tribunal y, en su defecto, el Vicepresidente y, a falta de ambos, el Magistrado de mayor edad.

12. b) La presencia de dos miembros, salvo que haya discrepancia, requiriéndose entonces la de sus tres miembros.

13. a) Las sentencias y resoluciones del Tribunal Constitucional tendrán la consideración de títulos declarativos.

14. a) El Rey.

15. c) Dos.

TEST N.º 2

El Estatuto de Autonomía de La Rioja

1. ¿Mediante que Ley Orgánica fue inicialmente aprobado el Estatuto de la Comunidad Autónoma de La Rioja?

a) Ley Orgánica 2/1983, de 9 de junio.
b) Ley Orgánica 3/1982, de 9 de junio.
c) Ley Orgánica 2/1985, de 9 de junio.
d) Ley Orgánica 2/1982, de 9 de junio.

2. El vigente Estatuto de Autonomía de La Rioja se estructura en:

a) 58 artículos, 4 Disposiciones Adicionales y 12 Disposiciones Transitorias.
b) 56 artículos, 4 Disposiciones Adicionales y 12 Disposiciones Transitorias.
c) 56 artículos, 14 Disposiciones Adicionales y 12 Disposiciones Transitorias.
d) 58 artículos, 14 Disposiciones Adicionales y 12 Disposiciones Transitorias.

3. El Título III de Estatuto trata de:

a) De la financiación de la Comunidad.
b) De la reforma del Estatuto.
c) De la Administración y el Régimen Jurídico.
d) De las competencias de la Comunidad Autónoma.

4. ¿Cuál de las siguientes no es una competencia exclusiva de la Comunidad Autónoma de La Rioja?

a) La ordenación del territorio, urbanismo y vivienda.
b) Asistencia y servicios sociales.
c) Tratamiento especial de las zonas de montaña.
d) Sanidad e higiene.

5. ¿En cuál de las siguientes materias no ostenta competencia de legislativa y ejecución la Comunidad Autónoma de La Rioja?

a) Ordenación farmacéutica.
b) Régimen local.

c) Pesca fluvial y lacustre, acuicultura y caza.
d) Régimen minero y energético.

6. ¿Qué regula la Ley 3/2001, de 31 de mayo?

a) El Parlamento de La Rioja.
b) El Gobierno y la Administración Pública de La Rioja.
c) El Defensor del Pueblo riojano.
d) El Consejo Consultivo de La Rioja.

7. La Ley que regula el Defensor del Pueblo riojano, ¿cuál es?

a) Ley 8/2003, de 28 de octubre.
b) Ley 3/1995, de 8 de marzo.
c) Ley 6/2006, de 2 de mayo.
d) Ley 4/2005, de 1 de junio.

8. ¿De qué año es el Reglamento Orgánico y Funcional del Consejo Consultivo de La Rioja?

a) 2006.
b) 2004.
c) 2003.
d) 2002.

9. ¿A través de qué norma se regulan las incompatibilidades de los miembros del Gobierno?

a) Ley.
b) Decreto.
c) Resolución.
d) Reglamento.

10. ¿Quién nombra al Presidente del Tribunal Superior de Justicia de La Rioja?

a) El Presidente de La Rioja, a propuesta del Rey.
b) El Rey a propuesta del Consejo General del Poder Judicial.
c) El Consejo General del Poder Judicial a propuesta del Gobierno de La Rioja.
d) El Rey a propuesta del Gobierno de La Rioja.

11. La Administración Pública y de Justicia, ¿en qué título del Estatuto de Autonomía riojano se regula?

a) Título II.
b) Título III.

c) Título IV.
d) Título V.

12. ¿Qué regula la Ley 4/2005, de 1 de junio?

a) El Gobierno y las Incompatibilidades de sus miembros.
b) El Defensor del Pueblo.
c) El Régimen Jurídico del Gobierno y la Administración Pública de la Comunidad Autónoma de La Rioja.
d) El Funcionamiento y Régimen Jurídico de la Administración de la Comunidad Autónoma de La Rioja.

13. La composición y las funciones del Consejo Consultivo de La Rioja deben regularse por:

a) Decreto.
b) Ley.
c) Resolución.
d) Ninguna es correcta.

14. ¿Qué órgano ejerce el control de constitucionalidad, al que están sometidas las leyes de la Comunidad Autónoma de La Rioja?

a) El Tribunal Superior de Justicia de La Rioja.
b) El Parlamento de La Rioja.
c) El Tribunal Constitucional.
d) El Tribunal Supremo.

15. Las normas reglamentarias y los actos y acuerdos emanados de los órganos ejecutivos y administrativos de la Comunidad Autónoma de La Rioja, serán recurribles ante, ¿qué jurisdicción?

a) La jurisdicción contencioso-administrativa.
b) La jurisdicción penal.
c) La jurisdicción civil.
d) La jurisdicción social.

En MADTEST tienes **más preguntas de este tema**, y todos tus avances quedan registrados y se reflejan en el ranking.

¡Supera tus límites con MADTEST!

Solución al test n.º 2

1. b) Ley Orgánica 3/1982, de 9 de junio.

2. a) 58 artículos, 4 Disposiciones Adicionales y 12 Disposiciones Transitorias.

3. c) De la Administración y el Régimen Jurídico.

4. d) Sanidad e higiene.

5. c) Pesca fluvial y lacustre, acuicultura y caza.

6. d) El Consejo Consultivo de La Rioja.

7. c) Ley 6/2006, de 2 de mayo.

8. d) 2002.

9. a) Ley.

10. b) El Rey a propuesta del Consejo General del Poder Judicial.

11. b) Título III.

12. d) El Funcionamiento y Régimen Jurídico de la Administración de la Comunidad Autónoma de La Rioja.

13. b) Ley.

14. c) El Tribunal Constitucional.

15. a) La jurisdicción contencioso-administrativa.

TEST N.º 3

Ley 14/1986, de 25 de abril, General de Sanidad

1. ¿Qué norma regula los aspectos básicos de las profesiones sanitarias tituladas en lo que se refiere a su ejercicio por cuenta propia o ajena?

a) La Ley 41/2002, de 14 de noviembre.
b) La Ley 16/2003, de 28 de mayo.
c) La Ley 44/2003, de 21 de noviembre.
d) La Ley 15/1997, de 25 de abril.

2. ¿De cuántos artículos consta la Ley 14/1986 de 25 de abril, General de Sanidad?

a) 109.
b) 111.
c) 113.
d) 116.

3. La Ley 14/1986 de 25 de abril, General de Sanidad, se estructura en:

a) Un Título Preliminar, siete Títulos, diez Disposiciones Adicionales, seis Disposiciones Transitorias, dos Disposiciones Derogatorias y dieciséis Disposiciones Finales.
b) Un Título Preliminar, seis Títulos, diez Disposiciones Adicionales, siete Disposiciones Transitorias, dos Disposiciones Derogatorias y dieciséis Disposiciones Finales.
c) Un Título Preliminar, siete Títulos, diez Disposiciones Adicionales, siete Disposiciones Transitorias, tres Disposiciones Derogatorias y dieciséis Disposiciones Finales.
d) Un Título Preliminar, siete Títulos, diez Disposiciones Adicionales, seis Disposiciones Transitorias, tres Disposiciones Derogatorias y dieciséis Disposiciones Finales.

4. ¿Qué artículo de nuestra Carta Magna proclama que "corresponde a los poderes públicos promover las condiciones para que la libertad y la igualdad del individuo y de los grupos en que se integra sean reales y efectivas?

a) El art. 9.1.
b) El art. 9.2.

c) El art. 43.1.
d) El art. 43.3.

5. La Ley 14/1986, de 25 de abril, General de Sanidad, establece que las piezas básicas de los Servicios de Salud de las Comunidades Autónomas son:

a) Las Áreas de Salud.
b) Los Distritos Sanitarios.
c) Las Comarcas Sanitarias.
d) Las Zonas de Salud.

6. La Ley 14/1986, de 25 de abril, General de Sanidad, tiene como objeto la regulación general de todas las acciones que permitan hacer efectivo el derecho a la protección de la salud reconocido en el artículo:

a) 15 de la Constitución Española.
b) 19 de la Constitución Española.
c) 33 de la Constitución Española.
d) 43 de la Constitución Española.

7. Las funciones de Alta Inspección se ejercerán:

a) Por los órganos del Estado competentes en materia de sanidad.
b) Por los órganos de las Comunidades Autónomas competentes en materia de sanidad.
c) Por los órganos de las Corporaciones Locales competentes en materia de sanidad.
d) Todas las respuestas son correctas.

8. Los funcionarios de la Administración del Estado que ejerzan la Alta Inspección gozarán, a todos los efectos, de las consideraciones de:

a) Agentes de la autoridad.
b) Autoridad pública.
c) Policía.
d) Delegados de la Autoridad.

9. Cuando, como consecuencia del ejercicio de las funciones de Alta Inspección, se comprueben incumplimientos por parte de la Comunidad Autónoma, las autoridades sanitarias del Estado le advertirán de esta circunstancia a través de:

a) El Consejo de Estado.
b) El Ministro de Sanidad, Servicios Sociales e Igualdad.

c) El Delegado del Gobierno.

d) El Consejo Interterritorial del Sistema Nacional de Salud.

10. ¿Con qué periodicidad presentará la Alta Inspección del Sistema Nacional de Salud una memoria sobre el funcionamiento del sistema ante el Consejo Interterritorial del Sistema Nacional de Salud para su debate?

a) Cada dos años.

b) Anualmente.

c) Semestralmente.

d) Trimestralmente.

11. Las Áreas de Salud se delimitan teniendo en cuenta factores:

a) Climatológicos y de dotación de vías y medios de comunicación.

b) Geográficos y demográficos.

c) Socioeconómicos y culturales.

d) Todas las respuestas son correctas.

12. Como regla general el área de salud extenderá su acción a una población:

a) No inferior a 100.000 habitantes ni superior a 150.000.

b) No inferior a 200.000 habitantes ni superior a 250.000.

c) No inferior a 250.000 habitantes ni superior a 300.000.

d) No inferior a 300.000 habitantes ni superior a 500.000.

13. ¿Qué Comunidades Autónomas y/o Ciudades Autónomas se exceptúan de la regla que hemos visto en la pregunta anterior, pudiéndose acomodar a sus específicas peculiaridades?

a) Baleares, Ceuta y Melilla.

b) Baleares y Canarias.

c) Canarias, Ceuta y Melilla.

d) Baleares, Canarias, Ceuta y Melilla.

14. Según dispone al artículo 56.5 LGS, cada provincia tendrá, en todo caso y como mínimo:

a) Un área de salud.

b) Dos áreas de salud.

c) Tres áreas de salud.

d) Cuatro áreas de salud.

15. ¿Cómo se denomina el órgano de participación de las Áreas de Salud?

a) Consejo de salud de área.
b) Consejo de dirección de área.
c) Comisión de salud del área.
d) Comité de Participación del Área de Salud.

En MADTEST tienes **más preguntas de este tema**, y todos tus avances quedan registrados y se reflejan en el ranking.

¡Supera tus límites con MADTEST!

Solución al test n.º 3

1. c) La Ley 44/2003, de 21 de noviembre.

2. d) 116.

3. a) Un Título Preliminar, siete Títulos, diez Disposiciones Adicionales, seis Disposiciones Transitorias, dos Disposiciones Derogatorias y dieciséis Disposiciones Finales.

4. b) El art. 9.2.

5. a) Las Áreas de Salud.

6. d) 43 de la Constitución Española.

7. a) Por los órganos del Estado competentes en materia de sanidad.

8. b) Autoridad pública.

9. c) El Delegado del Gobierno.

10. b) Anualmente.

11. d) Todas las respuestas son correctas.

12. b) No inferior a 200.000 habitantes ni superior a 250.000.

13. d) Baleares, Canarias, Ceuta y Melilla.

14. a) Un área de salud.

15. a) Consejo de salud de área.

TEST N.º 4

Ley 2/2002, de 17 de abril, de Salud de La Rioja

1. ¿En cuántos títulos se divide la Ley de Salud de La Rioja?

a) En ocho.
b) En diez.
c) En once.
d) En doce.

2. Señala cuál de los siguientes no constituye un principio orientador establecido en la Ley de Salud de La Rioja:

a) Centralización y responsabilidad en la gestión de los servicios.
b) Integración funcional de los recursos sanitarios públicos.
c) Universalización de la atención sanitaria.
d) Eficacia, efectividad, eficiencia y flexibilidad de la organización sanitaria.

3. ¿Está sujeto a alguna forma el consentimiento informado según la Ley de Salud de La Rioja?

a) No, en ningún caso.
b) No, salvo en algunos casos.
c) Sí, siempre deberá formalizarse por escrito.
d) Sí, sólo en caso de intervenciones quirúrgicas por riesgo grave.

4. ¿Cuál de los siguientes es un derecho relacionado con la promoción y protección de la salud y la prevención de la enfermedad?

a) El derecho a consumir alimentos seguros y a disponer de agua potable.
b) El derecho a recibir prestaciones preventivas dentro del marco de la consulta habitual bajo la responsabilidad de los profesionales.

c) El derecho a obtener medicamentos y productos sanitarios para la salud en los términos que establece la legislación que resulte aplicable.

d) Son correctas a) y b).

5. ¿Cuál es el órgano que tiene como objeto principal el intermediar en los conflictos que planteen los ciudadanos como usuarios del Sistema Público de Salud de La Rioja?

a) El Gerente del Servicio Riojano de Salud.

b) El Consejero de Salud.

c) El Defensor del Usuario.

d) El Consejo Riojano de Salud.

6. ¿Cuáles son los ámbitos de actuación en que se ordenan funcionalmente los servicios sanitarios de la Comunidad Autónoma de La Rioja?

a) Salud Pública, Salud Laboral y Asistencia Sanitaria.

b) Salud Pública, Salud Privada y Salud Laboral.

c) Salud Pública, Asistencia Primaria y Atención Especializada.

d) Ninguna es correcta.

7. Los Consejos de Salud de Área estarán adscritos a:

a) El Consejo de Administración del Servicio Riojano de Salud.

b) El Consejo de Salud de Zona.

c) El Consejo Riojano de Salud.

d) La Gerencia del Servicio Riojano de Salud.

8. Conforme a la Ley de Salud de La Rioja, tienen el carácter de Autoridad Sanitaria:

a) El titular de la Consejería de Salud.

b) Los Alcaldes.

c) El Gobierno de La Rioja.

d) Todos los anteriores tienen el carácter de Autoridad Sanitaria.

9. El Servicio Riojano de Salud es:

a) Un organismo público laboral.

b) Un organismo autónomo administrativo.

c) Una entidad privada de provisión, gestión y administración de la asistencia sanitaria pública.

d) Una entidad pública empresarial adscrita a la Consejería de Salud.

10. ¿Qué órgano elabora la Memoria Anual del Servicio Riojano de Salud?

a) El Presidente.
b) El Vicepresidente.
c) El Gerente.
d) El Consejo de Administración.

11. Será competente para resolver los procedimientos de revisión de oficio de los actos administrativos nulos dictados por el Presidente del Servicio Riojano de Salud:

a) El Consejo de Gobierno.
b) El titular de la Consejería de Salud.
c) El Consejo Riojano de Salud.
d) El Consejo de Administración del Servicio Riojano de Salud.

12. ¿Cuántos vocales, en representación de los municipios, integrarán el Consejo de Administración del Servicio Riojano de Salud?

a) Uno.
b) Dos.
c) Tres.
d) Cuatro.

13. El presupuesto del Servicio Riojano de Salud se elaborará de acuerdo con los objetivos previstos en:

a) La Ley de Presupuestos de la Comunidad Autónoma de La Rioja.
b) El Plan de Salud de La Rioja.
c) La Ley 3/2003, de 3 de marzo, de organización del Sector Público de la Comunidad Autónoma de La Rioja.
d) El régimen de contabilidad pública establecido para la Administración de la Comunidad Autónoma de La Rioja.

14. ¿Qué son los conciertos sanitarios?

a) Son los suscritos entre la administración sanitaria y las entidades privadas titulares de centros y/o servicios sanitarios.
b) Son los suscritos entre la administración sanitaria y entidades privadas titulares de centros hospitalarios, para la vinculación de los mismos al Sistema Público de Salud de La Rioja.
c) Son los suscritos entre la administración sanitaria y las entidades públicas titulares de centros y/o servicios sanitarios.
d) Son los suscritos entre la administración sanitaria y las Empresas y Asociaciones empresariales autorizadas para la colaboración en la asistencia sanitaria o sociosanitaria.

15. Los órganos colegiados de participación ciudadana consultivos y de asesoramiento en el ámbito de las Zonas Básicas de Salud, son:

a) Los Consejos Territoriales de Salud.
b) Los Centros de Salud.
c) Los Consejos de Salud de Zona.
d) Los Consejos de Salud de Área.

En MADTEST tienes **más preguntas de este tema**, y todos tus avances quedan registrados y se reflejan en el ranking.

¡Supera tus límites con MADTEST!

Solución al test n.º 4

1. c) En once.

2. a) Centralización y responsabilidad en la gestión de los servicios.

3. b) No, salvo en algunos casos.

4. d) Son correctas a) y b).

5. c) El Defensor del Usuario.

6. a) Salud Pública, Salud Laboral y Asistencia Sanitaria.

7. c) El Consejo Riojano de Salud.

8. d) Todos los anteriores tienen el carácter de Autoridad Sanitaria.

9. b) Un organismo autónomo administrativo.

10. c) El Gerente.

11. a) El Consejo de Gobierno.

12. b) Dos.

13. b) El Plan de Salud de La Rioja.

14. a) Son los suscritos entre la administración sanitaria y las entidades privadas titulares de centros y/o servicios sanitarios.

15. c) Los Consejos de Salud de Zona.

TEST N.º 5

Ley 41/2002, de 14 de Noviembre, básica reguladora de la autonomía del paciente y de derechos y obligaciones en materia de información y documentación clínica

1. La Ley de Autonomía del Paciente establece la obligatoriedad de obtener el consentimiento informado del paciente:

a) Sólo en los casos de intervención quirúrgica.

b) Sólo en los casos de aplicación de procedimientos que supongan grandes riesgos o inconvenientes de notoria repercusión negativa sobre su salud.

c) Para toda actuación en el ámbito de su salud.

d) La Ley no establece esta obligación.

2. Tal y como establece la Ley 41/2002, de Autonomía del Paciente, en caso de que el paciente no acepte el tratamiento se le propondrá que firme el alta voluntaria y si no la firma la Dirección del Centro:

a) Puede disponer el alta forzosa.

b) Firmará en su nombre el alta involuntaria.

c) Mantendrá el ingreso por periodo mínimo de cinco días naturales.

d) No está reconocida la negativa al tratamiento de los pacientes.

3. El derecho del paciente a no ser informado:

a) No está reconocido por la ley.

b) Podrá restringirse en cualquier momento.

c) Podrá restringirse cuando sea estrictamente necesario en beneficio del paciente.

d) Sólo podrá ejercitarse si el paciente designa a un familiar o a otra persona a la que se le facilite la información.

4. El reconocimiento legal de que se respeten los deseos expresados anteriormente en el documento de *instrucciones previas* es una manifestación del derecho:

a) A la información sanitaria.
b) A la segunda opinión.
c) A la autonomía del paciente.
d) A la información post-mortem.

5. Indica la proposición incorrecta en relación con los requisitos del consentimiento:

a) Debe ser libre.
b) Debe ser voluntario.
c) La decisión de consentir debe anteceder a una información adecuada.
d) La persona que lo presta debe tener capacidad para conocer, comprender y querer el alcance de su decisión.

6. La Ley 41/2002, de Autonomía del paciente, establece que, como regla general, el consentimiento se manifestará en forma:

a) Verbal.
b) Escrita.
c) Documental.
d) Ante testigos.

7. Según establece la Ley 41/2002, de Autonomía del Paciente, el paciente o usuario tiene derecho a decidir libremente entre las opciones clínicas disponibles después de recibir:

a) Información completa.
b) Información adecuada.
c) Información documental.
d) Información escrita.

8. La renuncia del paciente a recibir información:

a) No se reconoce por la ley.
b) Está limitada por el interés de la salud del propio paciente.
c) No está limitada por el interés de la salud de terceros.
d) Ninguna de las anteriores es correcta.

9. Uno de los fundamentos éticos del consentimiento informado es el principio de *autonomía*. En aplicación del mismo el profesional sanitario tiene el deber de:

a) Evitar el mal del paciente.
b) Hacer el bien al paciente.

c) Respetar la libre determinación del paciente.

d) Actuar sin discriminación.

10. Según establece la Ley 41/2002, de Autonomía del paciente, ha de constar siempre por escrito:

a) La información al paciente.

b) El consentimiento informado.

c) La aceptación del tratamiento.

d) La negativa al tratamiento.

11. En la legislación sanitaria española, el consentimiento escrito del paciente:

a) Es una exigencia legal.

b) Es conveniente.

c) Es obligatorio en determinados supuestos.

d) No es necesario.

12. Según establece la Ley de Autonomía del Paciente, el consentimiento se prestará por escrito en el caso de:

a) Realización de una actuación sanitaria en el paciente.

b) Aplicación en el paciente de un procedimiento no invasor.

c) Intervención quirúrgica.

d) Aplicación de procedimientos de imprevisible repercusión negativa sobre la salud del paciente.

13. Para que un paciente o usuario otorgue válidamente su consentimiento a un tratamiento, el facultativo le ha de transmitir previamente:

a) Información escrita.

b) Información total y comprensible.

c) Información adecuada, comprensible y razonable.

d) Confianza.

14. La firma de un paciente analfabeto plasmada en el «documento formulario de consentimiento informado» con carácter previo a su intervención quirúrgica:

a) Significa que el paciente ha sido informado adecuadamente.

b) No tiene ninguna validez.

c) No tiene valor en sí misma, lo que no significa que no se pueda acreditar que ha existido información y ha consentido libremente.

d) Tendrá validez si incorpora una diligencia del facultativo indicando la condición del paciente.

35

15. En relación con el Documento de Consentimiento Informado:

a) Existe un formato unificado en el Sistema Nacional de Salud.

b) Cada Área Sanitaria fijará el suyo.

c) Las Administraciones Sanitarias, Servicios Sanitarios, Sociedades Científicas, Centros Hospitalarios, etc., fijan el que consideran más adecuado en el ámbito de sus competencias.

d) Es cierta la c), siempre que contenga tres partes: Preámbulo, Cuerpo y Aceptación.

En MADTEST tienes **más preguntas de este tema**, y todos tus avances quedan registrados y se reflejan en el ranking.

¡Supera tus límites con MADTEST!

Solución al test n.º 5

1. c) Para toda actuación en el ámbito de su salud.

2. a) Puede disponer el alta forzosa.

3. c) Podrá restringirse cuando sea estrictamente necesario en beneficio del paciente.

4. c) A la autonomía del paciente.

5. c) La decisión de consentir debe anteceder a una información adecuada.

6. a) Verbal.

7. b) Información adecuada.

8. b) Está limitada por el interés de la salud del propio paciente.

9. c) Respetar la libre determinación del paciente.

10. d) La negativa al tratamiento.

11. c) Es obligatorio en determinados supuestos.

12. c) Intervención quirúrgica.

13. c) Información adecuada, comprensible y razonable.

14. c) No tiene valor en sí misma, lo que no significa que no se pueda acreditar que ha existido información y ha consentido libremente.

15. d) Es cierta la c), siempre que contenga tres partes: Preámbulo, Cuerpo y Aceptación.

TEST N.º 6

Ley 55/2003, de 16 de diciembre, del Estatuto Marco del personal estatutario de los Servicios de Salud

1. Según establece el art. 8 de la Ley 55/2003, de 16 de diciembre, del Estatuto Marco de los Servicios de Salud, es personal estatutario fijo:

a) El que una vez superado el correspondiente proceso selectivo, obtiene un nombramiento para el desempeño, con carácter permanente, de las funciones que de tal nombramiento se deriven.

b) Todo el personal al servicio de los Servicios de Salud.

c) El personal que realice una prestación de servicios determinados de naturaleza temporal, coyuntural o extraordinaria.

d) El personal en posesión de un contrato laboral indefinido.

2. Conforme al artículo 9.1 del Estatuto Marco (en redacción dada por el Real Decreto-ley 12/2022, de 5 de julio, por el que se modifica la Ley 55/2003, de 16 de diciembre, del Estatuto Marco del personal estatutario de los servicios de salud) los nombramientos del Personal Estatutario Temporal de los Servicios de Salud serán:

a) Únicamente de Personal Estatutario Sanitario.

b) Personal Estatutario Contratado.

c) De interinidad.

d) Como Personal Laboral.

3. En el supuesto de existencia de plaza vacante, son estatutarios interinos los que, por razones expresamente justificadas de necesidad y urgencia, son nombrados como tales con carácter temporal para el desempeño de funciones propias de estatutarios, cuando no sea posible su cobertura por personal estatutario fijo, durante un plazo máximo de:

a) Dos años.

b) Tres años.

c) Cuatros años.

d) Seis años.

4. Podrá concurrir a las pruebas selectivas, por el sistema de promoción interna, el personal estatutario fijo que se encuentre en servicio activo y con nombramiento como personal estatutario fijo, en la categoría de procedencia, durante al menos:

a) 2 años.
b) 3 años.
c) 4 años.
d) 5 años.

5. Quienes no acrediten, una vez superado el proceso selectivo, que reúnen los requisitos y condiciones exigidos en la convocatoria:

a) No podrán ser nombrados hasta que subsanen el defecto.
b) No podrán ser nombrados, y quedarán sin efecto sus actuaciones.
c) Podrán ser nombrados de forma condicional.
d) Una vez superado el proceso selectivo, se entiende que reúne los requisitos exigidos, salvo prueba en contrario.

6. Según el Estatuto Marco, la selección de personal estatutario fijo se efectuará con carácter general a través del sistema de:

a) Oposición.
b) Concurso-oposición.
c) Concurso.
d) Pruebas selectivas.

7. El personal estatutario de los servicios de salud tiene el deber de:

a) Participar en la elaboración de los convenios colectivos.
b) Realizar sus funciones fuera del horario y jornada habitual.
c) Realizar actividades sindicales.
d) Respetar la Constitución, el Estatuto de Autonomía correspondiente y el resto del ordenamiento jurídico.

8. Según el Estatuto Marco, siempre que la duración de la jornada exceda de seis horas continuadas, deberá establecerse un periodo de descanso durante la misma de al menos:

a) 10 minutos.
b) 15 minutos.
c) 20 minutos.
d) 30 minutos.

9. El funcionario sancionado con la separación del servicio no podrá concurrir a las pruebas de selección para la obtención de la condición de personal estatutario fijo, ni prestar servicios como personal estatutario temporal, durante:

a) Los 6 años siguientes.
b) Los 5 años siguientes.
c) Los 10 años siguientes.
d) La separación del servicio es definitiva.

10. Las sanciones disciplinarias firmes que se impongan al personal estatutario se anotarán en su expediente personal. Las anotaciones por sanciones impuestas por faltas leves se cancelarán de oficio, desde el cumplimiento de la sanción, a:

a) Los 3 meses.
b) Los 6 meses.
c) El año.
d) Los 2 años.

11. Es una retribución básica del personal estatutario:

a) El complemento de destino.
b) El complemento de carrera.
c) Las pagas extraordinarias.
d) El complemento de productividad.

12. La especial dificultad técnica, dedicación, responsabilidad, incompatibilidad, peligrosidad o penosidad de algunos puestos de trabajo del Personal Estatutario, se retribuye a través del:

a) Complemento de destino.
b) Complemento de atención continuada.
c) Complemento específico.
d) Complemento de productividad.

13. Según el art. 72.2 del Estatuto Marco, tendrá la consideración de falta muy grave:

a) Intervenir en un procedimiento administrativo cuando se dé alguna de las causas de abstención legalmente señaladas.
b) Ioda actuación que suponga discriminación por razones ideológicas, morales, políticas, sindicales, de raza, lengua, género, religión o circunstancias económicas, personales o sociales, tanto del personal como de los usuarios.
c) El incumplimiento injustificado de la jornada de trabajo que acumulado suponga más de 20 horas al mes.
d) La incorrección con los superiores, compañeros, subordinados o usuarios.

14. Para poder obtener la excedencia voluntaria por interés particular es necesario haber prestado servicios efectivos en cualquiera de las Administraciones Públicas durante:

a) Los cinco años inmediatamente anteriores.
b) Los cuatro años inmediatamente anteriores.
c) El año inmediatamente anterior.
d) No se exige periodo mínimo de prestación efectiva de servicios.

15. En el régimen disciplinario del Estatuto Marco se reconoce a los interesados el derecho a:

a) Proponer el nombramiento del instructor.
b) Solicitar la excedencia voluntaria durante la tramitación del expediente.
c) Formular Pliegos de cargos.
d) Formular alegaciones en cualquier fase del procedimiento.

En MADTEST tienes **más preguntas de este tema**, y todos tus avances quedan registrados y se reflejan en el ranking.

¡Supera tus límites con MADTEST!

Solución al test n.º 6

1. a) El que, una vez superado el correspondiente proceso selectivo, obtiene un nombramiento para el desempeño, con carácter permanente, de las funcionales que de tal nombramiento se deriven.

2. c) De interinidad.

3. b) Tres años

4. a) 2 años.

5. b) No podrán ser nombrados, y quedarán sin efecto sus actuaciones.

6. b) Concurso-oposición.

7. d) Respetar la Constitución, el Estatuto de Autonomía correspondiente y el resto del ordenamiento jurídico.

8. b) 15 minutos.

9. a) Los 6 años siguientes.

10. b) Los 6 meses.

11. c) Las pagas extraordinarias.

12. c) Complemento específico.

13. b) Toda actuación que suponga discriminación por razones ideológicas, morales, políticas, sindicales, de raza, lengua, género, religión o circunstancias económicas, personales o sociales, tanto del personal como de los usuarios.

14. a) Los cinco años inmediatamente anteriores.

15. d) Formular alegaciones en cualquier fase del procedimiento.

TEST N.º 7

El Decreto 2/2011, de 14 de enero, de selección de personal estatutario y provisión de plazas y puestos de trabajo del Servicio Riojano de Salud

1. La provisión de plazas, selección y promoción interna y la movilidad del personal estatutario de los servicios de salud a nivel estatal viene regulado por:

a) La Ley 55/2003, de 16 de diciembre.
b) El Real Decreto Ley 1/1999, de 8 de enero.
c) El Real Decreto 1473/2001, de 27 de diciembre.
d) La Constitución Española de 1978.

2. El Decreto 2/2011, de 14 de enero, de selección de personal estatutario y provisión de plazas y puestos de trabajo del Servicio Riojano de Salud se dicta:

a) En virtud de la disposición transitoria sexta del Real Decreto Ley 1/1999, de 8 de enero.
b) Conforme a lo dispuesto en el Decreto 8/2007, de 2 de marzo.
c) A raíz de la Sentencia del Tribunal Superior de Justicia de La Rioja.
d) En virtud del acuerdo de la Mesa Sectorial del Servicio Riojano de Salud.

3. El Decreto 2/2011, de 14 de enero, se compone de:

a) 95 artículos.
b) Seis títulos y ocho capítulos.
c) 93 artículos y cuatro capítulos.
d) 93 artículos, seis títulos y doce capítulos.

4. El proceso de provisión de plazas en el Servicio Riojano de Salud viene regulado en el Decreto 2/2011, de 14 de enero, en su Título:

a) Tercero.
b) Cuarto.
c) Segundo.
d) Primero.

5. La expresión cifrada y sistemática del número de plazas que, como máximo, pueden ser provistas con carácter permanente en el Servicio Riojano de Salud, organizadas por tipo de funciones, relación de empleo, grupo de clasificación profesional y centro, se llama:

a) Personal.
b) Plantilla.
c) Equipo.
d) Relación de Puestos de Trabajo.

6. En el Servicio Riojano de Salud, y atendiendo a la función, las plazas se clasifican en:

a) Personal funcionario, estatutario o laboral.
b) Personal sanitario o estatutario.
c) Personal sanitario funcionario o sanitario estatutario.
d) Personal sanitario o de gestión y servicios.

7. Según el artículo 2 del Decreto 2/2011, de 14 de enero, se declararán a extinguir las plazas reservadas para el personal:

a) De gestión y servicios.
b) Laboral.
c) Funcionario.
d) Funcionario y laboral.

8. El instrumento organizativo que ordena la plantilla del Servicio Riojano de Salud en puestos de trabajo, para el ejercicio de las funciones correspondientes a cada categoría y la consecuente prestación de la asistencia sanitaria a la población es:

a) El sistema de provisión de plazas.
b) La relación de puestos de trabajo.
c) La relación de empleo.
d) El sistema de provisión de puestos de trabajo.

9. La Relación de Puestos de Trabajo del Servicio Riojano de Salud debe ser aprobada en cada caso mediante:

a) Acuerdo de la Mesa Sectorial.
b) Resolución de la Consejería de Salud.
c) Decreto.
d) Acuerdo de cada Centro en atención a los procesos de movilidad interna.

10. La oferta de empleo público de personal estatutario del Servicio Riojano de Salud reservará un cupo de las plazas ofertadas para ser cubiertas por personas con discapacidad:

a) Igual o superior al 33 %.
b) Igual o superior al 10 %.
c) No inferior al 7 %.
d) De al menos el 50 %.

11. La Oferta de Empleo Público del Servicio Riojano de Salud, reservará al turno de promoción interna:

a) Ninguna plaza.
b) Un máximo del 50 % de las plazas ofertadas.
c) Al menos el 50 % de las plazas ofertadas.
d) Un mínimo del 7 % de las plazas ofertadas.

12. No es un procedimiento contemplado para la provisión permanente de plazas del Servicio Riojano de Salud:

a) La selección de personal de nuevo ingreso.
b) La movilidad voluntaria con el resto de personal estatutario fijo de las restantes consejerías de la Comunidad Autónoma.
c) La promoción interna de personal estatutario fijo.
d) Todos los anteriores lo son.

13. La selección de personal estatutario fijo de nuevo ingreso del Servicio Riojano de Salud se realizará, con carácter general, a través del sistema de:

a) Oposición.
b) Concurso.
c) Movilidad.
d) Concurso oposición.

14. En el sistema de concurso-oposición para la selección de personal estatutario fijo de nuevo ingreso del Servicio Riojano de Salud, la valoración de la fase de oposición, en relación con la puntuación total, será de al menos:

a) Un 40 %.
b) Un 50 %.
c) Un 33 %.
d) Un 60 %.

15. El proceso selectivo del personal estatutario fijo del Servicio Riojano de Salud se inicia con la publicación de la resolución de la convocatoria que haya sido aprobada por:

a) Decreto del Gobierno de La Rioja.

b) Acuerdo de la Mesa Sectorial del Servicio Riojano de Salud.

c) Orden de la Consejería de Salud de La Rioja.

d) Resolución de la Presidencia del Servicio Riojano de Salud.

En MADTEST tienes **más preguntas de este tema**, y todos tus avances quedan registrados y se reflejan en el ranking.

¡Supera tus límites con MADTEST!

Solución al test n.º 7

1. a) La Ley 55/2003, de 16 de diciembre.

2. d) En virtud del acuerdo de la Mesa Sectorial del Servicio Riojano de Salud.

3. c) 93 artículos y cuatro capítulos.

4. c) Segundo.

5. b) Plantilla.

6. d) Personal sanitario o de gestión y servicios.

7. d) Funcionario y laboral.

8. b) La relación de puestos de trabajo.

9. c) Decreto.

10. c) No inferior al 7 %.

11. c) Al menos el 50 % de las plazas ofertadas.

12. b) La movilidad voluntaria con el resto de personal estatutario fijo de las restantes consejerías de la Comunidad Autónoma.

13. d) Concurso oposición.

14. d) Un 60 %.

15. d) Resolución de la Presidencia del Servicio Riojano de Salud.

TEST N.º 8

**Real Decreto Legislativo 5/2015, de 30 de octubre,
por el que se aprueba el Texto Refundido de la
Ley del Estatuto Básico del Empleado Público**

1. Según el artículo 1.3. del Texto Refundido de la Ley del Estatuto Básico del Empleado Público, uno de los fundamentos de actuación reflejados por el EBEP es el servicio a los ciudadanos y:

a) A los intereses generales.
b) Al ordenamiento jurídico.
c) Al bienestar general.
d) A la Administración Pública.

2. Se regirá por la legislación específica dictada por el Estado y por las comunidades autónomas en el ámbito de sus respectivas competencias y por lo previsto en el EBEP, excepto el capítulo II del título III (salvo el artículo 20), y los artículos 22.3, 24 y 84:

a) El personal funcionario de las Universidades Públicas.
b) El personal funcionario y en lo que proceda el personal laboral al servicio de las Administraciones de las entidades locales.
c) El personal estatutario de los servicios de salud.
d) El personal funcionario y laboral al servicio de las Administraciones de las comunidades autónomas.

3. El Estatuto Básico del Empleado Público tendrá carácter supletorio:

a) Para el personal laboral al servicio de las Administraciones de las comunidades autónomas.
b) Para el personal docente.
c) Para el personal estatutario de los servicios de salud.
d) Para todo el personal de las Administraciones Públicas no incluido en su ámbito de aplicación.

4. El EBEP contiene:

a) Aquello que es común al conjunto de los empleados públicos de todas las Administraciones Públicas.

b) Las normas legales específicas aplicables a los empleados públicos de todas las Administraciones Públicas.

c) Aquello que es común al conjunto de los funcionarios de todas las Administraciones Públicas, más las normas legales específicas aplicables al personal laboral a su servicio.

d) Aquello que es común al conjunto del personal laboral de todas las Administraciones Públicas, más las normas legales específicas aplicables al personal funcionario a su servicio.

5. Señalar la respuesta incorrecta. La designación de personal directivo:

a) Atenderá a principios de mérito y capacidad.

b) Se llevará a cabo mediante procedimientos que garanticen la publicidad y concurrencia.

c) Supone la adquisición de la condición de personal eventual.

d) Atenderá a criterios de idoneidad.

6. En relación con el personal eventual, es cierto que:

a) Será retribuido con cargo a los créditos presupuestarios consignados para el personal funcionario.

b) La condición de personal eventual constituirá mérito en la fase de concurso para el acceso a la Función Pública.

c) Su cese tendrá lugar, en todo caso, cuando se produzca el de la autoridad a la que se preste la función de confianza o asesoramiento.

d) La condición de personal eventual computará como mérito para la promoción interna.

7. Corresponden en exclusiva a los funcionarios públicos, en los términos que en la ley de desarrollo de cada Administración Pública se establezca, el ejercicio de funciones:

a) Directivas.

b) Que impliquen la participación directa o indirecta en el ejercicio de las potestades públicas.

c) Del ámbito militar, de la Justicia o de la Hacienda Pública.

d) Que impliquen la participación directa (no la indirecta), en la salvaguardia de los intereses generales del Estado.

8. Las leyes de Función Pública que se dicten en desarrollo del EBEP podrán prever el nombramiento de personal interino para la ejecución de programas de carácter temporal con una duración de hasta:

a) 2 años.

b) 3 años.

c) 4 años.
d) 5 años.

9. Completar la siguiente frase. Según el artículo 8 del Texto Refundido de la Ley del Estatuto Básico del Empleado Público, aprobado por el Real Decreto Legislativo 5/2015, de 30 de octubre, son empleados públicos quienes desempeñan funciones …………….. en las Administraciones Públicas al servicio de los intereses generales:

a) Directivas.
b) Exclusivas.
c) Administrativas.
d) Retribuidas.

10. Según el artículo 9.1 del EBEP, es una característica del funcionario de carrera el desempeño de servicios profesionales retribuidos de carácter:

a) Permanente.
b) Público.
c) Administrativo.
d) Autoritario.

11. El número de puestos cubiertos por personal eventual:

a) Es indefinido e ilimitado.
b) Está limitado por un máximo establecido por los respectivos órganos de gobierno.
c) Está limitado a tres por cada órgano superior de la Administración Pública.
d) No puede hacerse público, puesto que se trata de personal de confianza.

12. En relación al personal eventual, el EBEP dispone que:

a) El número máximo de este tipo de personal se establecerá por ley de las Cortes Generales o de las Asambleas legislativas de las Comunidades Autónomas.
b) El cese de este personal no va ligado, en ningún caso, al de la autoridad a la que se preste la función de confianza o asesoramiento.
c) La condición de personal eventual constituye mérito para el acceso a la Función Pública y para la promoción interna.
d) Este personal solo realiza funciones expresamente calificadas como de confianza o asesoramiento especial.

13. Los funcionarios interinos serán nombrados por razones expresamente justificadas de necesidad y:

a) Economía.
b) Eficacia.
c) Urgencia.
d) Calidad.

14. A tenor del artículo 14 del EBEP los empleados públicos tienen derecho:

a) A la inamovilidad en la condición de funcionario de carrera.

b) A la formación continua y a la actualización permanente de sus conocimientos y capacidades profesionales, preferentemente fuera del horario laboral.

c) A la libertad de expresión, sin restricción alguna.

d) A participar en la consecución de los objetivos atribuidos a la unidad donde preste sus servicios y a ser consultado por sus superiores por las tareas a desarrollar.

15. Conforme al EBEP, los funcionarios públicos tendrán un permiso por enfermedad grave de un familiar dentro del primer grado de consanguinidad o afinidad, de:

a) Dos días hábiles.

b) Tres días hábiles.

c) Cuatro días hábiles.

d) Cinco días hábiles.

En MADTEST tienes **más preguntas de este tema**, y todos tus avances quedan registrados y se reflejan en el ranking.

¡Supera tus límites con MADTEST!

Solución al test n.º 8

1. a) A los intereses generales.

2. c) El personal estatutario de los servicios de salud.

3. d) Para todo el personal de las Administraciones Públicas no incluido en su ámbito de aplicación.

4. c) Aquello que es común al conjunto de los funcionarios de todas las Administraciones Públicas, más las normas legales específicas aplicables al personal laboral a su servicio.

5. c) Supone la adquisición de la condición de personal eventual.

6. c) Su cese tendrá lugar, en todo caso, cuando se produzca el de la autoridad a la que se preste la función de confianza o asesoramiento.

7. b) Que impliquen la participación directa o indirecta en el ejercicio de las potestades públicas.

8. c) 4 años.

9. d) Retribuidas.

10. a) Permanente.

11. b) Está limitado por un máximo establecido por los respectivos órganos de gobierno.

12. d) Este personal solo realiza funciones expresamente calificadas como de confianza o asesoramiento especial.

13. c) Urgencia.

14. a) A la inamovilidad en la condición de funcionario de carrera.

15. d) Cinco días hábiles.

TEST N.º 9

Ley 31/1995, de 8 de noviembre, de Prevención de Riesgos Laborales

1. Qué se entiende por "riesgo laboral":

a) La posibilidad de que un trabajador sufra un determinado daño derivado del trabajo.
b) La posibilidad de que un trabajador sufra una enfermedad en el trabajo.
c) La posibilidad de que un trabajador sufra acoso.
d) El riesgo que supone el ir a trabajar.

2. Indica cuál es la definición de prevención:

a) La probabilidad racional de que un riesgo se materialice de forma inminente.
b) El estudio de los procesos potencialmente peligrosos para el trabajo.
c) Conjunto de actividades o medidas adoptadas o previstas en todas las fases de actividad de la empresa con el fin de evitar o disminuir los riesgos derivados del trabajo.
d) Posibilidad de que un trabajador sufra un determinado daño derivado del trabajo.

3. Según establece el art. 4 de la Ley 31/1995, de 8 de noviembre, de Prevención de Riesgos Laborales, se define como daños derivados del trabajo:

a) La posibilidad de que un trabajador sufra un determinado daño derivado del trabajo.
b) El que resulte probable racionalmente que se materialice en un futuro inmediato y pueda suponer y pueda suponer un daño grave para la salud de los trabajadores.
c) Las enfermedades, patologías o lesiones sufridas con motivo u ocasión del trabajo.
d) Cualquier máquina, aparato, instrumento o instalación utilizada en el trabajo.

4. El objeto y carácter de la norma de la Ley 31/95 de Prevención de Riesgos Laborales dice:

a) La presente Ley tiene por objeto promover la salud de los trabajadores mediante la aplicación de medidas y el desarrollo de las actividades necesarias para la prevención de riesgos derivados del trabajo.
b) La presente Ley tiene por objeto promover la seguridad y la salud de los trabajadores mediante la aplicación de medidas y el desarrollo de las actividades necesarias para la prevención de riesgos derivados del trabajo.

c) La presente Ley tiene por objeto promover la seguridad de los trabajadores mediante la aplicación de medidas y el desarrollo de las actividades necesarias para la prevención de riesgos derivados del trabajo.

d) La presente Ley tiene por objeto promover la seguridad, la salud de los trabajadores y la negociación entre empresa y delegados de prevención, mediante la aplicación de medidas y el desarrollo de las actividades necesarias para la prevención de riesgos derivados del trabajo.

5. Cualquier característica del trabajo que pueda tener una influencia significativa en la generación de riesgos para la seguridad y la salud del trabajador, es:

a) Una condición de trabajo.
b) Un factor de riesgo.
c) Un proceso potencialmente peligroso.
d) Una zona peligrosa.

6. Toda lesión corporal que el trabajador sufra con ocasión del trabajo que ejerza por cuenta ajena:

a) Es un riesgo laboral.
b) Es un accidente.
c) Es una enfermedad profesional.
d) Es una simple circunstancia.

7. Señale la respuesta incorrecta:

a) La Ley de Prevención de Riesgos Laborales se aplica a los operativos de Seguridad civil en casos de catástrofe.
b) La Ley de Prevención de Riesgos Laborales se aplica a las sociedades cooperativas.
c) En el ámbito de la relación laboral de carácter especial del servicio del hogar familiar, las personas trabajadoras tienen derecho a una protección eficaz en materia de seguridad y salud en el trabajo.
d) En los establecimientos penitenciarios, se adaptarán a la Ley de Prevención de Riesgos Laborales aquellas actividades cuyas características justifiquen una regulación especial.

8. Para calificar un riesgo desde el punto de vista de su gravedad, se valorarán conjuntamente la severidad del daño y:

a) La probabilidad de que se produzca.
b) La cantidad de trabajadores de la empresa.
c) La existencia o no de equipos individuales de protección.
d) Las condiciones de trabajo.

9. Según el artículo 5 de la Ley 31/1995, la política en materia de prevención tendrá por objeto la .... de la mejora de las condiciones de trabajo dirigida a elevar el nivel de protección de la seguridad y la salud de los trabajadores en el trabajo. Señalar la palabra que falta:

a) Revisión.
b) Normalización.
c) Regulación.
d) Promoción.

10. Con el objetivo de detectar y prevenir posibles situaciones en las que los daños derivados del trabajo puedan aparecer vinculados con el sexo de los trabajadores, las Administraciones Públicas promoverán la efectividad del principio de:

a) Corresponsabilidad.
b) Igualdad entre mujeres y hombres.
c) Discriminación positiva.
d) Protección de la maternidad.

11. Conforme al artículo 8.3 de la Ley 31/1995, el Instituto Nacional de Seguridad y Salud en el Trabajo actuará en relación con las instituciones de la Unión Europea:

a) Como centro de referencia nacional.
b) Como órgano controlador de la normativa europea.
c) Como centro interpretativo.
d) Como órgano regulativo.

12. Según el artículo 11 de la Ley 31/1995, la elaboración de normas preventivas y el control de su cumplimiento, la promoción de la prevención, la investigación y la vigilancia epidemiológica sobre riesgos laborales, accidentes de trabajo y enfermedades profesionales determinan la necesidad de .... las actuaciones de las Administraciones competentes en materia laboral, sanitaria y de industria para una más eficaz protección de la seguridad y la salud de los trabajadores. Señalar la palabra que falta:

a) Registrar.
b) Inspeccionar.
c) Coordinar.
d) Divulgar.

13. En virtud del artículo 12 de la Ley 31/1995, es principio básico de la política de prevención de riesgos laborales, a desarrollar por las Administraciones públicas competentes en los distintos niveles territoriales:

a) La coordinación de empresarios y trabajadores, a través de las organizaciones empresariales y sindicales más representativas, en la planificación, programación, organización y control de la gestión relacionada con la mejora de las condiciones de trabajo y la protección de la seguridad y salud de los trabajadores en el trabajo.

b) La participación de empresarios y trabajadores, a través de las organizaciones empresariales y sindicales más representativas, en la planificación, programación, organización y control de la gestión relacionada con la mejora de las condiciones de trabajo y la protección de la seguridad y salud de los trabajadores en el trabajo.

c) El acuerdo de empresarios y trabajadores, a través de las organizaciones empresariales y sindicales más representativas, en la planificación, programación, organización y control de la gestión relacionada con la mejora de las condiciones de trabajo y la protección de la seguridad y salud de los trabajadores en el trabajo.

d) El arbitraje de empresarios y trabajadores, a través de las organizaciones empresariales y sindicales más representativas, en la planificación, programación, organización y control de la gestión relacionada con la mejora de las condiciones de trabajo y la protección de la seguridad y salud de los trabajadores en el trabajo.

14. La regulación de los requisitos mínimos que deben reunir las condiciones de trabajo para la protección de la seguridad y la salud de los trabajadores, corresponde a:

a) Las Cortes Generales.

b) El Gobierno de la nación, previa consulta a las organizaciones sindicales y empresariales más representativas.

c) El Consejo de Gobierno de cada Comunidad Autónoma; por delegación del Consejo de Ministros.

d) Los Convenios Colectivos.

15. Las normas reglamentarias en materia de prevención las dicta:

a) El Gobierno, a través de las correspondientes normas reglamentarias y previa consulta a las organizaciones sindicales y empresariales más representativas.

b) Los Delegados de Prevención.

c) Los Delegados de Prevención y el Empresario.

d) El Empresario.

En MADTEST tienes **más preguntas de este tema**, y todos tus avances quedan registrados y se reflejan en el ranking.

¡Supera tus límites con MADTEST!

Solución al test n.º 9

1. a) La posibilidad de que un trabajador sufra un determinado daño derivado del trabajo.

2. c) Conjunto de actividades o medidas adoptadas o previstas en todas las fases de actividad de la empresa con el fin de evitar o disminuir los riesgos derivados del trabajo.

3. c) Las enfermedades, patologías o lesiones sufridas con motivo u ocasión del trabajo.

4. b) La presente Ley tiene por objeto promover la seguridad y la salud de los trabajadores mediante la aplicación de medidas y el desarrollo de las actividades necesarias para la prevención de riesgos derivados del trabajo.

5. a) Una condición de trabajo.

6. b) Es un accidente.

7. a) La Ley de Prevención de Riesgos Laborales se aplica a los operativos de Seguridad civil en casos de catástrofe.

8. a) La probabilidad de que se produzca.

9. d) Promoción.

10. b) Igualdad entre mujeres y hombres.

11. a) Como centro de referencia nacional.

12. c) Coordinar.

13. b) La participación de empresarios y trabajadores, a través de las organizaciones empresariales y sindicales más representativas, en la planificación, programación, organización y control de la gestión relacionada con la mejora de las condiciones de trabajo y la protección de la seguridad y salud de los trabajadores en el trabajo.

14. b) El Gobierno de la nación, previa consulta a las organizaciones sindicales y empresariales más representativas.

15. a) El Gobierno, a través de las correspondientes normas reglamentarias y previa consulta a las organizaciones sindicales y empresariales más representativas.

PARTE ESPECÍFICA

TEST N.º 1

Ley 39/2015, de 1 de octubre, del Procedimiento administrativo común de las Administraciones Públicas: generalidades, interesados en el procedimiento, actividad de las Administraciones Públicas, actos administrativos, disposiciones sobre el procedimiento administrativo común, revisión de los actos en vía administrativa, iniciativa legislativa; y, potestad para dictar reglamentos y otras disposiciones

1. En materia de representación, la LPACAP incluye nuevos medios para acreditarla en el ámbito exclusivo de las Administraciones Públicas, como son, entre otros:

a) El apoderamiento notarial de forma electrónica.
b) El apoderamiento *apud acta*, presencial o electrónico.
c) El apoderamiento *anod actus*, presencial o electrónico.
d) El apoderamiento *acta omnis*, presencial.

2. La LPACAP establece, con carácter general, la obligación de las Administraciones Públicas de:

a) No admitir que el interesado pueda presentar con carácter general copias de documentos en soporte papel.
b) No admitir que el interesado pueda presentar con carácter general copias de documentos que hayan sido digitalizadas.
c) Requerir documentos ya aportados por los interesados, elaborados por las Administraciones Públicas o documentos originales.
d) No requerir documentos ya aportados por los interesados, elaborados por las Administraciones Públicas o documentos originales.

3. La edad mínima para entablar por sí solo relaciones con la Administración Pública es de:

a) Dieciocho años.
b) Depende de los casos.

c) Veintiún años la mujer casada.

d) Dieciséis años.

4. La falta o insuficiente acreditación de la representación no impedirá que se tenga por realizado el acto de que se trate, siempre que se aporte aquella o se subsane el defecto dentro del plazo que deberá conceder al efecto el órgano administrativo, de:

a) Un mes, o de un plazo superior cuando las circunstancias del caso así lo requieran.

b) Veinte días, o de un plazo superior cuando las circunstancias del caso así lo requieran.

c) Quince días, o de un plazo superior cuando las circunstancias del caso así lo requieran.

d) Diez días, o de un plazo superior cuando las circunstancias del caso así lo requieran.

5. Los poderes inscritos en el registro electrónico de apoderamiento tendrán una validez determinada máxima de:

a) Diez años a contar desde la fecha de inscripción.

b) Cinco años a contar desde la fecha de inscripción.

c) Tres años a contar desde la fecha de inscripción.

d) Dos años a contar desde la fecha de inscripción.

6. Señala la respuesta incorrecta respecto a los interesados:

a) Se consideran interesados en el procedimiento administrativo los que, sin haber iniciado el procedimiento, tengan derechos que puedan resultar afectados por la decisión que en el mismo se adopte.

b) Cuando en una solicitud, escrito o comunicación figuren varios interesados, las actuaciones a que den lugar se efectuarán con el representante o el interesado que expresamente hayan señalado, y, en su defecto, con cualquiera de los demás.

c) Cuando la condición de interesado derivase de alguna relación jurídica transmisible, el derecho-habiente sucederá en tal condición cualquiera que sea el estado del procedimiento.

d) La presentación de una denuncia y la comparecencia en el trámite de información pública, respectivamente, no confieren u otorgan, por sí solas, la condición de interesado en el procedimiento.

7. En Derecho Administrativo, a diferencia del Derecho Privado, se puede reconocer a los menores de edad:

a) Capacidad jurídica.

b) Capacidad de obrar.

c) Ambas capacidades.

d) Ninguna de ellas.

8. Señala la respuesta incorrecta. Las Administraciones Públicas solo requerirán a los interesados el uso obligatorio de firma para:

a) Presentar declaraciones responsables o comunicaciones.
b) Adquirir derechos.
c) Interponer recursos.
d) Formular solicitudes.

9. Si durante la instrucción de un procedimiento, se advierte la existencia de personas que sean titulares de derechos o intereses legítimos y directos cuya identificación resulte del expediente y que puedan resultar afectados por la resolución que se dicte:

a) Se comunicará a dichas personas la tramitación del procedimiento cuando así lo solicite el interesado que inició el procedimiento.
b) Se publicará por edictos.
c) Se comunicará a dichas personas la tramitación del procedimiento cuando este no haya tenido publicidad.
d) No se comunicará, salvo que se presenten en forma legal en el procedimiento.

10. Con carácter general, para realizar cualquier actuación prevista en el procedimiento administrativo, será suficiente con que los interesados acrediten previamente su identidad a través de cualquiera de los medios de identificación previstos en la Ley 39/2015, de 1 de octubre. Las Administraciones Públicas NO requerirán a los interesados el uso obligatorio de firma para:

a) Identificar a las autoridades y al personal al servicio de las Administraciones Públicas bajo cuya responsabilidad se tramiten los procedimientos.
b) Desistir de acciones.
c) Presentar declaraciones responsables o comunicaciones.
d) Formular solicitudes.

11. En relación con la asistencia en el uso de medios electrónicos a los interesados, el art. 12.2 de la Ley 39/2015, de 1 de octubre, dispone que las Administraciones Públicas asistirán en el uso de medios electrónicos:

a) A quienes ejerzan una actividad profesional para la que se requiera colegiación obligatoria, para los trámites y actuaciones que realicen con las Administraciones Públicas en ejercicio de dicha actividad profesional.
b) A ciertos colectivos de personas físicas que por razón de su capacidad económica, técnica, dedicación profesional u otros motivos quede acreditado que tienen acceso y disponibilidad de los medios electrónicos necesarios.
c) A los empleados de las Administraciones Públicas para los trámites y actuaciones que realicen con ellas por razón de su condición de empleado público.

d) A los interesados no incluidos en los apartados 2 y 3 del artículo 14 de la Ley 39/2015, de 1 de octubre, que así lo soliciten, especialmente en lo referente a la identificación y firma electrónica, presentación de solicitudes a través del registro electrónico general y obtención de copias auténticas.

12. Si algunos de los interesados no dispone de los medios electrónicos necesarios, su identificación o firma electrónica en el procedimiento administrativo podrá ser válidamente realizada por un funcionario público mediante el uso del sistema de firma electrónica del que esté dotado para ello. En este caso:

a) Será necesario que el interesado que carezca de los medios electrónicos necesarios se identifique ante el funcionario.

b) Será necesario que el interesado que carezca de los medios electrónicos necesarios se identifique ante el funcionario y preste su consentimiento expreso para esta actuación.

c) Será necesario que el interesado que carezca de los medios electrónicos necesarios se identifique ante el funcionario y preste su consentimiento expreso para esta actuación, de lo que deberá quedar constancia para los casos de discrepancia.

d) Será necesario que el interesado que carezca de los medios electrónicos necesarios se identifique ante el funcionario y preste su consentimiento expreso para esta actuación, de lo que deberá quedar constancia para los casos de discrepancia o litigio.

13. Señala uno de los derechos que la Ley 39/2015, de 1 de octubre, del Procedimiento Administrativo Común de las Administraciones Públicas, reconoce a quienes tengan capacidad de obrar ante las Administraciones Públicas:

a) A la obtención y utilización de los medios de identificación y firma electrónica contemplados en la Ley 39/2015, de 1 de octubre.

b) A la protección de datos de carácter personal, y en particular a la seguridad y confidencialidad de los datos que figuren en los ficheros, sistemas y aplicaciones de las Administraciones Públicas.

c) A ser asistidos en el uso de medios electrónicos en sus relaciones con las Administraciones Públicas.

d) Todas las respuestas son correctas.

14. La Ley 39/2015, de 1 de octubre, del Procedimiento Administrativo Común de las Administraciones Públicas, reconoce a quienes tengan capacidad de obrar ante las Administraciones Públicas el derecho a comunicarse con las Administraciones Públicas a través de:

a) Un Punto de Acceso Rápido Telemático.

b) Un Punto Electrónico Central.

c) Un Punto Único Electrónico de contacto.

d) Un Punto de Acceso General electrónico de la Administración.

15. A menos que la naturaleza del documento exija otra forma más adecuada de expresión y constancia, las Administraciones Públicas deberán emitir los documentos administrativos:

a) Preferiblemente de forma verbal.
b) Por escrito, a través de medios electrónicos.
c) Verbal o en su defecto por escrito.
d) De cualquier forma que deje constancia de su recepción.

En MADTEST tienes **más preguntas de este tema**, y todos tus avances quedan registrados y se reflejan en el ranking.

¡Supera tus límites con MADTEST!

Solución al test n.º 1

1. b) El apoderamiento *apud acta*, presencial o electrónico.

2. d) No requerir documentos ya aportados por los interesados, elaborados por las Administraciones Públicas o documentos originales.

3. b) Depende de los casos.

4. d) Diez días, o de un plazo superior cuando las circunstancias del caso así lo requieran.

5. b) Cinco años a contar desde la fecha de inscripción.

6. b) Cuando en una solicitud, escrito o comunicación figuren varios interesados, las actuaciones a que den lugar se efectuarán con el representante o el interesado que expresamente hayan señalado, y, en su defecto, con cualquiera de los demás.

7. b) Capacidad de obrar.

8. b) Adquirir derechos.

9. c) Se comunicará a dichas personas la tramitación del procedimiento cuando este no haya tenido publicidad.

10. a) Identificar a las autoridades y al personal al servicio de las Administraciones Públicas bajo cuya responsabilidad se tramiten los procedimientos.

11. d) A los interesados no incluidos en los apartados 2 y 3 del artículo 14 de la Ley 39/2015, de 1 de octubre, que así lo soliciten, especialmente en lo referente a la identificación y firma electrónica, presentación de solicitudes a través del registro electrónico general y obtención de copias auténticas.

12. d) Será necesario que el interesado que carezca de los medios electrónicos necesarios se identifique ante el funcionario y preste su consentimiento expreso para esta actuación, de lo que deberá quedar constancia para los casos de discrepancia o litigio.

13. d) Todas las respuestas son correctas.

14. d) Un Punto de Acceso General electrónico de la Administración.

15. b) Por escrito, a través de medios electrónicos.

TEST N.º 2

Ley 40/2015, de 1 de octubre, de Régimen Jurídico del Sector Público: disposiciones generales, los órganos de las Administraciones Públicas (órganos administrativos y órganos colegiados de las distintas administraciones públicas), abstención y recusación, potestad sancionadora, responsabilidad patrimonial de las Administraciones Públicas, funcionamiento electrónico del sector público, los convenios, el sector público institucional, los consorcios y las relaciones interadministrativas

1. De conformidad con el artículo 8 de la Ley 40/2015, de 1 de octubre, de Régimen Jurídico del Sector Público, la competencia para el dictado de actos administrativos:

a) Es irrenunciable y siempre se ejercerá por los órganos administrativos que la tengan atribuida como propia.

b) Se puede delegar en todo caso.

c) Es irrenunciable y se ejercerá por los órganos administrativos que la tengan atribuida como propia, salvo los casos de delegación o avocación, en los términos previstos en la ley.

d) Es irrenunciable y se ejercerá por los órganos administrativos que la tengan atribuida como propia, salvo los casos de delegación de firma o suplencia, en los términos previstos en la ley.

2. En ningún caso podrán ser objeto de delegación, tal y como dispone la Ley 40/2015, de 1 de octubre, competencias relativas a:

a) La resolución de los recursos de alzada.

b) La adopción de disposiciones de carácter general.

c) Las resoluciones en materia de personal.

d) Las resoluciones de responsabilidad patrimonial.

3. Según dispone el artículo 23 de la Ley 40/2015, de 1 de octubre, de Régimen Jurídico del Sector Público, es motivo de abstención:

a) Tener interés personal en el asunto de que se trate o en otro en cuya resolución pudiera influir la de aquel, ser administrador de sociedad o entidad interesada, o tener cuestión litigiosa pendiente con algún interesado.

b) Tener parentesco de consanguinidad dentro del cuarto grado o de afinidad dentro del tercero, con cualquiera de los interesados, con los administradores de entidades o sociedades interesadas o con sus asesores o representantes legales.

c) Haber prestado servicios profesionales de cualquier tipo y en cualquier circunstancia o lugar en los cinco últimos años a persona natural interesada directamente en el asunto.

d) Haber prestado servicios profesionales de cualquier tipo y en cualquier circunstancia o lugar en los cinco últimos años a persona jurídica interesada directamente en el asunto.

4. La recusación de acuerdo con el artículo 24 de la Ley 40/2015, de 1 de octubre, de Régimen Jurídico del Sector Público, la promueve:

a) La autoridad.
b) El superior jerárquico de la autoridad o funcionario.
c) El interesado.
d) El funcionario.

5. Según dispone el artículo 23 de la Ley 40/2015, de 1 de octubre, de Régimen Jurídico del Sector Público, NO es un motivo de abstención:

a) Haber tenido intervención como perito en el procedimiento de que se trate.
b) Tener parentesco de afinidad dentro del segundo grado, con cualquiera de los interesados, con los administradores de entidades o sociedades interesadas y también con los asesores, representantes legales o mandatarios que intervengan en el procedimiento.
c) Tener parentesco de afinidad dentro del cuarto grado, con cualquiera de los interesados, con los administradores de entidades o sociedades interesadas y también con los asesores, representantes legales o mandatarios que intervengan en el procedimiento.
d) Haber tenido intervención como testigo en el procedimiento de que se trate.

6. De conformidad con lo previsto en el Capítulo III, del Título Preliminar, de la Ley 40/2015, de 1 de octubre, de Régimen Jurídico del Sector Público, entre otros, son principios de la potestad sancionadora:

a) Principio de legalidad, tipicidad, proporcionalidad y presunción de inocencia.
b) Principio de legalidad, irretroactividad, tipicidad y presunción de inocencia.
c) Principio de legalidad, tipicidad y proporcionalidad.
d) Principio de legalidad, tipicidad y presunción de inocencia.

7. Según el artículo 9 de la Ley 40/2015, de 1 de octubre, de Régimen Jurídico del Sector Público, la delegación de competencias:

a) Será revocable en cualquier momento por el órgano que la haya conferido.
b) Es irrevocable.
c) Será revocable solo por el Consejo de Gobierno.
d) Será revocable solo por el Consejo de Ministros.

8. De acuerdo con el artículo 3 de la Ley 40/2015, de 1 de octubre, de Régimen Jurídico del Sector Público, ¿cuáles son los principios de actuación de las Administraciones Públicas?

a) Jerarquía, cooperación, descentralización, desconcentración y colaboración.
b) Eficacia, desconcentración, jerarquía, descentralización y cooperación.
c) Coordinación, descentralización, jerarquía, eficacia y desconcentración.
d) Cooperación, jerarquía, descentralización, eficiencia y servicio a los ciudadanos.

9. ¿Qué principios deberán respetar en su actuación las Administraciones Públicas, conforme al artículo 3 de la Ley 40/2015, de 1 de octubre, de Régimen Jurídico del Sector Público?

a) Los de buena fe y confianza legítima.
b) Los de eficiencia y servicio a los ciudadanos.
c) Participación, objetividad y transparencia de la actuación administrativa.
d) Los de transparencia y participación.

10. ¿Qué principios deberán respetar en sus relaciones las Administraciones Públicas?

a) Buena fe, confianza legítima y lealtad institucional.
b) Los de eficiencia y servicio a los ciudadanos.
c) Los de transparencia y participación.
d) Los de cooperación y colaboración.

11. Las Administraciones Públicas se relacionarán entre sí y con sus órganos, organismos públicos y entidades vinculados o dependientes, conforme al artículo 3.2 de la Ley 40/2015, de 1 de octubre, de Régimen Jurídico del Sector Público:

a) A través de medios electrónicos.
b) A través de medios electrónicos, que aseguren la interoperabilidad y seguridad de los sistemas y soluciones adoptadas por cada una de ellas garantizando la protección de los datos de carácter personal, y facilitando preferentemente la prestación conjunta de servicios a los interesados.
c) Directamente y sin dilación garantizando la protección de los datos de carácter personal, y facilitarán preferentemente la prestación conjunta de servicios a los interesados.
d) Preferentemente a través de medios electrónicos, que aseguren la prestación conjunta de servicios a los interesados.

12. ¿Cuál de las siguientes respuestas es correcta, de acuerdo con lo dispuesto en el artículo 3.4 de la Ley 40/2015, de 1 de octubre, de Régimen Jurídico del Sector Público?

a) Cada Administración Pública actúa para el cumplimiento de sus fines con personalidad jurídica única.
b) Las Administraciones Públicas se configuran como órganos territoriales.

c) Las Administraciones Públicas están integradas por entes locales.

d) Cada Administración instrumental actúa para el cumplimiento de sus fines con personalidad jurídica única.

13. Conforme a lo dispuesto en el artículo 5.3 de la Ley 40/2015, de 1 de octubre, de Régimen Jurídico del Sector Público, ¿qué requisito, de los siguientes, debe cumplirse para la creación de cualquier órgano administrativo?

a) Determinar su forma de descentralización en la Administración Pública de que se trate.

b) Fijar los objetivos de interés común a cumplir.

c) La dotación de los créditos necesarios para su puesta en marcha y funcionamiento.

d) Deben cumplirse todos los requisitos anteriores.

14. De acuerdo con lo dispuesto en el artículo 8.1 de la Ley 40/2015, de 1 de octubre, de Régimen Jurídico del Sector Público, ¿cómo es la competencia que ejerce un órgano administrativo que la tenga atribuida como propia?

a) Es compartida con el órgano de superior jerarquía.

b) Es irrenunciable.

c) Es renunciable ante el órgano superior del mismo ente.

d) Es renunciable ante el órgano superior del mismo ente, a través de la técnica de la avocación.

15. Señala la respuesta correcta. De acuerdo con lo dispuesto en el artículo 8 de la Ley 40/2015, de 1 de octubre, de Régimen Jurídico del Sector Público:

a) Se pueden crear órganos que supongan duplicación de otros ya existentes.

b) La delegación de firma y la suplencia supone alteración de la titularidad de la competencia.

c) La encomienda de gestión supone alteración de la titularidad de la competencia.

d) Salvo los casos de avocación o delegación la competencia es irrenunciable.

En MADTEST tienes **más preguntas de este tema**, y todos tus avances quedan registrados y se reflejan en el ranking.

¡Supera tus límites con MADTEST!

Solución al test n.º 2

1. c) Es irrenunciable y se ejercerá por los órganos administrativos que la tengan atribuida como propia, salvo los casos de delegación o avocación, en los términos previstos en la ley.

2. b) La adopción de disposiciones de carácter general.

3. a) Tener interés personal en el asunto de que se trate o en otro en cuya resolución pudiera influir la de aquel, ser administrador de sociedad o entidad interesada, o tener cuestión litigiosa pendiente con algún interesado.

4. c) El interesado.

5. c) Tener parentesco de afinidad dentro del cuarto grado, con cualquiera de los interesados, con los administradores de entidades o sociedades interesadas y también con los asesores, representantes legales o mandatarios que intervengan en el procedimiento.

6. c) Principio de legalidad, tipicidad y proporcionalidad.

7. a) Será revocable en cualquier momento por el órgano que la haya conferido.

8. c) Coordinación, descentralización, jerarquía, eficacia y desconcentración.

9. c) Participación, objetividad y transparencia de la actuación administrativa.

10. a) Buena fe, confianza legítima y lealtad institucional.

11. b) A través de medios electrónicos, que aseguren la interoperabilidad y seguridad de los sistemas y soluciones adoptadas por cada una de ellas, garantizando la protección de los datos de carácter personal, y facilitando preferentemente la prestación conjunta de servicios a los interesados.

12. a) Cada Administración Pública actúa para el cumplimiento de sus fines con personalidad jurídica única.

13. c) La dotación de los créditos necesarios para su puesta en marcha y funcionamiento.

14. b) Es irrenunciable.

15. d) Salvo los casos de avocación o delegación la competencia es irrenunciable.

TEST N.º 3

Real Decreto Legislativo 8/2015, de 30 de octubre, por el que se aprueba el Texto Refundido de la Ley General de la Seguridad Social: Título II: Régimen General de la Seguridad Social

1. No estaría incluido en el Régimen General de la Seguridad Social:

a) Pareja de hecho del empresario que trabaja para él/ella.
b) Persona que trabaja en el Ayuntamiento de una localidad.
c) Un trabajador que tiene una relación laboral especial.
d) Un trabajador autónomo económicamente dependiente (TRADE).

2. ¿Qué obligación tiene el empresario con Seguridad Social si desea contratar a trabajadores?

a) Ninguna.
b) Solicitar el alta del trabajador que pretende contratar.
c) Solicitar su inscripción ante la Dirección Provincial de la Tesorería General de la Seguridad Social.
d) Solicitar su inscripción ante la autoridad laboral.

3. La afiliación al Régimen General de la Seguridad Social se insta:

a) Una única vez, al iniciar la andadura profesional la persona.
b) Cada vez que el trabajador cambia de empresario.
c) Cada vez que el trabajador cambia de puesto de trabajo.
d) Cada vez que quiera el trabajador y/o el empresario.

4. Es/son sujeto/s responsable/s de la obligación de cotizar en el Régimen General de la Seguridad Social:

a) El trabajador.
b) El empresario.

c) El trabajador y el empresario.
d) La Seguridad Social.

5. La cantidad que mensualmente se ha de ingresar en Tesorería General de la Seguridad Social se denomina:

a) Tipo de cotización.
b) Cuota.
c) Base reguladora.
d) Ninguna de las anteriores.

6. La diferencia entre la base de cotización por contingencias comunes y profesionales es:

a) Ninguna.
b) Que en la base de cotización por contingencias profesionales se incluye la prorrata de pagas extraordinarias. En la base de cotización por contingencias comunes no se incluye esa prorrata.
c) Que en la base de cotización por contingencias comunes se incluye la prorrata de pagas extraordinarias, a diferencia de la base de cotización por contingencias profesionales.
d) Que en la base de cotización por contingencias profesionales se incluye lo abonado en concepto de horas extraordinarias.

7. ¿Cuál de las siguientes manifestaciones en torno a las bases de cotización es verdadera?

a) Solo existen bases máximas de cotización, no mínimas.
b) Solo existen bases mínimas de cotización, no máximas.
c) Solo existen bases mínimas y máximas de cotización por contingencias comunes.
d) No existe una base máxima o mínima de cotización por horas extraordinarias.

8. La obligación de cotizar se suspende:

a) En vacaciones.
b) Durante una incapacidad temporal.
c) En el supuesto de huelga.
d) Cuando la relación laboral finaliza.

9. La diferencia entre subsidios y pensiones es:

a) Los subsidios son temporales y las pensiones tienen carácter -en principio- vitalicio.
b) Las pensiones tienen carácter temporal y los subsidios -en principio- carácter vitalicio.

c) Siempre se abona una cantidad superior en concepto de subsidio que en concepto de pensión.

d) Son términos sinónimos.

10. Las prestaciones de Seguridad Social son:

a) Irrenunciables.

b) Indisponibles.

c) Inembargables.

d) Todas las anteriores.

11. La situación de incapacidad temporal se declara si:

a) La contingencia sufrida es profesional.

b) El trabajador afectado precisa asistencia sanitaria.

c) El trabajador afectado por cualquier tipo de contingencia no puede transitoriamente prestar el servicio al que se comprometió.

d) La anterior siempre que, además, requiera asistencia sanitaria.

12. La base reguladora de la incapacidad temporal derivada de una enfermedad común es:

a) La base de cotización de contingencias comunes del mes antes de la baja.

b) El resultado de dividir la base de cotización antes indicada entre el número de días cotizados del mes antes de la baja.

c) La anterior más las horas extras cotizadas el año antes de la baja entre el número de días cotizados antes de la baja.

d) La base de cotización de contingencias profesionales del mes antes de la baja.

13. En la incapacidad permanente parcial:

a) No se extingue la relación laboral.

b) Se extingue la relación laboral sin derecho a indemnización.

c) Se extingue la relación laboral con derecho la indemnización legal que taxativamente viene contemplada para esta causa.

d) El empresario está obligado a cambiar de puesto de trabajo al trabajador afectado.

14. ¿Cuál de las siguientes afirmaciones en relación a la prestación por nacimiento y cuidado de menor es cierta?

a) Con esta prestación se protege también a la madre cuando ha sufrido un aborto en las primeras semanas de gestación,

b) Esta prestación es una clase de incapacidad temporal.

c) Las situaciones protegidas son el nacimiento del hijo, la adopción, la guarda, el acogimiento y la tutela bajo las condiciones legales.

d) Todas las anteriores son correctas.

15. Son beneficiarios de la prestación por nacimiento y cuidado de menor:

a) Afiliados y en alta o situación asimilada al alta. No se requiere periodo de cotización mínimo.

b) Afiliados y en alta o situación asimilada al alta. El periodo de cotización exigido depende de la edad de la madre en el parto o en el resto de situaciones que generan el derecho a esta prestación.

c) Afiliados y en alta o situación asimilada al alta. El periodo de cotización depende de la edad de cada beneficiario en el momento del hecho causante.

d) Afiliados y en alta o situación asimilada al alta. El periodo de cotización no se requiere si previamente estuvieron en una situación de incapacidad temporal.

En MADTEST tienes **más preguntas de este tema**, y todos tus avances quedan registrados y se reflejan en el ranking.

¡Supera tus límites con MADTEST!

Solución al test n.º 3

1. d) Un trabajador autónomo económicamente dependiente (TRADE).

2. c) Solicitar su inscripción ante la Dirección Provincial de la Tesorería General de la Seguridad Social.

3. a. Una única vez, al iniciar la andadura profesional la persona.

4. b) El empresario.

5. b) Cuota.

6. d) Que en la base de cotización por contingencias profesionales se incluye lo abonado en concepto de horas extraordinarias.

7. d) No existe una base máxima o mínima de cotización por horas extraordinarias.

8. c) En el supuesto de huelga.

9. a. Los subsidios son temporales y las pensiones tienen carácter -en principio- vitalicio.

10. d) Todas las anteriores.

11. d) La anterior siempre que, además, requiera asistencia sanitaria.

12. b) El resultado de dividir la base de cotización antes indicada entre el número de días cotizados del mes antes de la baja.

13. a) No se extingue la relación laboral.

14. c) Las situaciones protegidas son el nacimiento del hijo, la adopción, la guarda, el acogimiento y la tutela bajo las condiciones legales.

15. c) Afiliados y en alta o situación asimilada al alta. El periodo de cotización depende de la edad de cada beneficiario en el momento del hecho causante.

TEST N.º 4

El Reglamento (UE) 2016/679 del Parlamento Europeo y del Consejo de 27 de abril de 2016 relativo a la protección de las personas físicas en lo que respecta al tratamiento de datos personales y a la libre circulación de estos datos: disposiciones generales, principios y derechos del interesado

1. El artículo 18.1 de la Constitución Española garantiza el derecho al honor, a la intimidad personal y familiar y a:

a) La protección de datos de carácter personal.
b) La confidencialidad.
c) La propia imagen.
d) El secreto profesional.

2. Los datos personales obtenidos a partir de un tratamiento técnico específico, relativos a las características físicas, fisiológicas o conductuales de una persona física que permitan o confirmen la identificación única de dicha persona, como imágenes faciales o datos dactiloscópicos, se denominan:

a) Datos corporales.
b) Datos naturales.
c) Datos genéticos.
d) Datos biométricos.

3. ¿En virtud de qué principio previsto por el Reglamento General de Protección de Datos, los datos personales serán adecuados, pertinentes y limitados a lo necesario en relación con los fines para los que son tratados?

a) Principio de exactitud.
b) Principio de limitación de la finalidad.
c) Principio de responsabilidad proactiva.
d) Principio de minimización de datos.

4. En relación al consentimiento del interesado al tratamiento de datos de carácter personal, es cierto que:

a) En ningún caso se puede obligar a nadie a facilitar sus datos.

b) El consentimiento ha de ser previo a la información sobre el tratamiento.

c) Si se puede consentir libremente, del mismo modo, se puede retirar el consentimiento.

d) La solicitud del consentimiento deberá ir referida a todos los tratamientos que se puedan dar en un plazo determinado.

5. El derecho a la portabilidad de los datos:

a) Se podrá aplicar a los tratamientos que sean necesario para el cumplimiento de una misión realizada en interés público o en el ejercicio de poderes públicos conferidos al responsable del tratamiento.

b) A diferencia de otros derechos, podrá afectar negativamente a los derechos y libertades de otros.

c) Supone la obligación de que, en todo caso, los datos personales se transmitan directamente de responsable a responsable.

d) Requiere que el tratamiento se efectúe por medios automatizados.

6. Conforme al RGPD, ¿puede facilitarse la información al interesado de forma verbal?

a) No, en ningún caso.

b) Sí, siempre que lo solicite el interesado.

c) Sí, en cualquier caso siempre que se demuestre la identidad del interesado por otros medios.

d) Sí, cuando lo solicite el interesado y se pueda demostrar su identidad por otros medios.

7. Conforme al artículo 17 del RGPD, el derecho de supresión no se podrá aplicar cuando:

a) Los datos personales ya no sean necesarios en relación con los fines para los que fueron recogidos o tratados de otro modo.

b) Los datos personales se hayan obtenido en relación con la oferta de servicios de la sociedad de la información.

c) Los datos personales hayan sido tratados ilícitamente.

d) Los datos personales sean necesarios para ejercer el derecho a la libertad de expresión e información.

8. Conforme al artículo 18 del RGPD, el interesado tendrá derecho a obtener del responsable del tratamiento la limitación del tratamiento de los datos:

a) Cuando los datos personales ya no sean necesarios en relación con los fines para los que fueron recogidos o tratados de otro modo.

b) Para que el interesado pueda ejercer el derecho a la libertad de expresión e información.

c) Cuando el interesado impugne la exactitud de los datos personales, durante un plazo que permita al responsable verificar la exactitud de los mismos.

d) Por razones de interés público en el ámbito de la salud pública.

9. En relación al derecho de portabilidad, es cierto que:

a) El ejercicio de este derecho impide el ejercicio del derecho de supresión.

b) Al ejercer su derecho a la portabilidad de los datos, el interesado tendrá que transmitir los datos directamente al nuevo responsable de los mismos.

c) Se aplicará al tratamiento que sea necesario para el cumplimiento de una misión realizada en interés público o en el ejercicio de poderes públicos conferidos al responsable del tratamiento.

d) No podrá afectar negativamente a los derechos y libertades de otros.

10. Cuando los plazos se señalen por días en el RGPD o en la LO 3/2018, se entiende que estos:

a) Son naturales.

b) Son hábiles, de lunes a sábado; excluyéndose del cómputo los domingos y los declarados festivos.

c) Son naturales; excluyéndose del cómputo los declarados festivos.

d) Son hábiles, excluyéndose del cómputo los sábados, los domingos y los declarados festivos.

11. El RGPD considera "destinatario":

a) A la persona física o jurídica, autoridad pública, servicio u otro organismo al que se comuniquen datos personales, siempre que se trate de un tercero.

b) A la persona física o jurídica, autoridad pública, servicio u otro organismo al que se comuniquen datos personales, se trate o no de un tercero.

c) A la autoridad pública que pueda recibir datos personales en el marco de una investigación concreta de conformidad con el Derecho de la Unión o de los Estados miembros.

d) A la persona física o jurídica, autoridad pública, servicio u organismo distinto del interesado, del responsable del tratamiento, del encargado del tratamiento y de las personas autorizadas para tratar los datos personales bajo la autoridad directa del responsable o del encargado.

12. El RGPD denomina a la autoridad pública independiente establecida por un Estado miembro:

a) Agencia Nacional de Protección de Datos.

b) Representante.

c) Autoridad de control.

d) Autoridad de referencia.

13. ¿Cómo denomina el RGPD el tratamiento de datos personales de manera tal que ya no puedan atribuirse a un interesado sin utilizar información adicional, siempre que dicha información adicional figure por separado y esté sujeta a medidas técnicas y organizativas destinadas a garantizar que los datos personales no se atribuyan a una persona física identificada o identificable?

a) Seudonimización.
b) Anonimización.
c) Generalización.
d) Encriptación.

14. ¿Qué título de la LO 3/2018, de 5 de diciembre, de Protección de Datos Personales y garantía de los derechos digitales, se refiere a los principios de la protección de datos?

a) Título I.
b) Título II.
c) Título III.
d) Título IV.

15. Respecto a la naturaleza de la LO 3/ 2018, de 5 de diciembre, de Protección de Datos Personales y garantía de los derechos digitales:

a) Todo su articulado tiene carácter de ley orgánica.
b) Los títulos I a V tienen carácter de ley orgánica y los títulos restantes, carácter de ley ordinaria.
c) Los títulos I a X tienen carácter de ley orgánica, mientras que las disposiciones adicionales, transitorias, derogatoria y finales tienen carácter de ley ordinaria.
d) Algunos títulos, artículos y disposiciones tienen carácter de ley ordinaria.

En MADTEST tienes **más preguntas de este tema**, y todos tus avances quedan registrados y se reflejan en el ranking.

¡Supera tus límites con MADTEST!

Solución al test n.º 4

1. c) La propia imagen.

2. d) Datos biométricos.

3. d) Principio de minimización de datos.

4. c) Si se puede consentir libremente, del mismo modo, se puede retirar el consentimiento.

5. d) Requiere que el tratamiento se efectúe por medios automatizados.

6. d) Sí, cuando lo solicite el interesado y se pueda demostrar su identidad por otros medios.

7. d) Los datos personales sean necesarios para ejercer el derecho a la libertad de expresión e información.

8. c) Cuando el interesado impugne la exactitud de los datos personales, durante un plazo que permita al responsable verificar la exactitud de los mismos.

9. d) No podrá afectar negativamente a los derechos y libertades de otros.

10. d) Son hábiles, excluyéndose del cómputo los sábados, los domingos y los declarados festivos.

11. b) A la persona física o jurídica, autoridad pública, servicio u otro organismo al que se comuniquen datos personales, se trate o no de un tercero.

12. c) Autoridad de control.

13. a) Seudonimización.

14. b) Título II.

15. c) Los títulos I a X tienen carácter de ley orgánica, mientras que las disposiciones adicionales, transitorias, derogatoria y finales tienen carácter de ley ordinaria.

TEST N.º 5

Ley 3/2014, de 11 de septiembre, de transparencia y buen gobierno de La Rioja

1. La cualidad que permite y facilita el acceso de los ciudadanos a la información pública en poder de la Administración dentro de los límites establecidos por la legislación vigente, se conoce como:

a) Accesibilidad.
b) Transparencia.
c) Objetividad.
d) Buen gobierno.

2. ¿Qué título de la *Ley 3/2014, de 11 de septiembre, de transparencia y buen gobierno de La Rioja* establece el principio de software abierto con respecto a los programas y aplicaciones informáticos que sean propiedad de la Comunidad Autónoma?

a) Título II.
b) Título III.
c) Título IV.
d) Título V.

3. ¿En cuántos títulos se estructura la *Ley 3/2014, de 11 de septiembre, de transparencia y buen gobierno de La Rioja?*

a) 4.
b) 5.
c) 6.
d) 8.

4. Señala la palabra que falta en la siguiente norma de la Ley 3/2014: *"Todas las autoridades y empleados públicos del sector público de la Comunidad Autónoma de La Rioja están obligados al cumplimiento de las normas en materia de transparencia, publicidad activa, información pública y .... de la información pública y a suministrar la información que les sea requerida por los órganos competentes"*:

a) Reutilización.
b) Transmisión.

c) Disposición.
d) Conocimiento.

5. Las disposiciones sobre publicidad activa de la Ley 3/2014, son de aplicación a las entidades privadas que perciban de los presupuestos del sector público de la Comunidad Autónoma de La Rioja o de las entidades locales de La Rioja, durante el periodo de un año, ayudas o subvenciones públicas en una cuantía superior a: (a partir de)

a) 50.000 euros.
b) 75.000 euros.
c) 100.000 euros.
d) 250.000 euros.

6. La obligación de difundir de forma permanente, periódica y actualizada aquella información pública más relevante para garantizar la transparencia de la actividad de la Administración Pública, es denominada en la Ley 3/2014:

a) Publicidad activa.
b) Reutilización.
c) Información general.
d) Accesibilidad.

7. En virtud del principio de orientación a la ciudadanía:

a) La Administración Pública garantizará que los ciudadanos, tanto individual como colectivamente, puedan participar en los asuntos públicos previstos en dicha ley.
b) La Administración Pública velará para que, en sus dependencias, en el diseño de sus políticas y en el conjunto de sus actuaciones, el principio de accesibilidad universal sea una realidad.
c) La actividad de la Administración se realizará desde la transparencia, tanto en su organización como en la gestión de sus competencias. Los ciudadanos tendrán derecho a conocer las decisiones de la Administración Pública y los criterios de adopción de las mismas, con inmediatez, así como la organización de los servicios y las personas responsables de sus actuaciones.
d) La actuación de la Administración ha de estar dirigida a la satisfacción de las necesidades reales de los ciudadanos y ciudadanas, ha de perseguir siempre el interés general y se debe caracterizar por su voluntad de servicio a la sociedad.

8. El Portal de la Transparencia de la Administración general de la Comunidad Autónoma de La Rioja depende de la Consejería de:

a) Cultura, Turismo, Deporte y Juventud.
b) Hacienda, Gobernanza Pública, Sociedad Digital y Portavocía del Gobierno.
c) Economía, Innovación, Empresa y Trabajo Autónomo.
d) Política Local, Infraestructuras y Lucha contra la Despoblación.

9. El artículo 105.b de la Constitución Española determina que la ley regulará el acceso de los ciudadanos a los archivos y registros administrativos, salvo en lo que afecte a la seguridad y defensa del Estado, la averiguación de los delitos y:

a) El secreto profesional.
b) La protección de los menores.
c) La intimidad de las personas.
d) La política económica y tributaria.

10. El acceso a la información pública requiere:

a) Solicitud previa.
b) Acreditación de la condición de interesado.
c) Motivación expresa.
d) La utilización de medios telemáticos.

11. Cuando la información pública solicitada no contuviera datos especialmente protegidos, el órgano al que se dirija la solicitud concederá el acceso previa .... suficientemente razonada del interés público en la divulgación de la información y los derechos de los afectados cuyos datos aparezcan en la información solicitada, en particular su derecho fundamental a la protección de datos de carácter personal. Señala la palabra que falta:

a) Catalogación.
b) Acreditación.
c) Ponderación.
d) Identificación.

12. Se inadmitirán a trámite, mediante resolución motivada, las solicitudes de información pública que:

a) Se refieran a información para cuya divulgación no sea necesaria una acción previa de reelaboración.
b) Se dirijan a un órgano en cuyo poder no obre la información, aun cuando se conozca el órgano competente.
c) No se hayan motivado suficientemente por el solicitante.
d) Se refieran a información que esté en curso de elaboración o de publicación general.

13. Cuando la solicitud de información pública no identifique de forma suficiente la información, se pedirá al solicitante que la concrete en un plazo de:

a) 10 días.
b) 15 días.
c) 20 días.
d) 1 mes.

14. Si la información pública solicitada pudiera afectar a derechos o intereses de terceros, debidamente identificados, se les concederá un plazo para que puedan realizar las alegaciones que estimen oportunas de:

a) 10 días.
b) 15 días.
c) 20 días.
d) 1 mes.

15. La resolución en la que se conceda o deniegue el acceso a la información pública deberá notificarse al solicitante y a los terceros afectados que así lo hayan solicitado en el plazo máximo desde la recepción de la solicitud por el órgano competente para resolver, de:

a) 15 días.
b) 20 días.
c) 1 mes.
d) 3 meses.

En MADTEST tienes **más preguntas de este tema**, y todos tus avances quedan registrados y se reflejan en el ranking.

¡Supera tus límites con MADTEST!

Solución al test n.º 5

1. b) Transparencia.

2. d) Título V.

3. b) 5.

4. a) Reutilización.

5. c) 100.000 euros.

6. a) Publicidad activa.

7. d) La actuación de la Administración ha de estar dirigida a la satisfacción de las necesidades reales de los ciudadanos y ciudadanas, ha de perseguir siempre el interés general y se debe caracterizar por su voluntad de servicio a la sociedad.

8. b) Hacienda, Gobernanza Pública, Sociedad Digital y Portavocía del Gobierno.

9. c) La intimidad de las personas.

10. a) Solicitud previa.

11. c) Ponderación.

12. d) Se refieran a información que esté en curso de elaboración o de publicación general.

13. a) 10 días.

14. b) 15 días.

15. c) 1 mes.

TEST N.º 6

Atención al ciudadano. Ley 5/2014, de 20 de octubre, de administración electrónica y simplificación administrativa de La Rioja

1. En sus relaciones con las Administraciones Públicas, los ciudadanos tienen derecho a:

a) Identificar a las autoridades y al personal al servicio de las Administraciones Públicas bajo cuya responsabilidad se tramiten los procedimientos.

b) Utilizar en todo el territorio nacional cualquiera de las lenguas oficiales del país.

c) Acceder, sin restricciones de ningún tipo, a todos los documentos obrantes en cualquier procedimiento en tramitación.

d) Obtener copia de expedientes en tramitación relacionados con su profesión, aunque no tengan la condición de interesados en ello.

2. Los/as interesados/as tienen derecho a conocer el estado de la tramitación de los procedimientos:

a) En cualquier momento.

b) En cualquier momento anterior al trámite de audiencia.

c) En cualquier momento anterior al trámite de audiencia siempre que acrediten ser titulares de derechos que resulten afectados por la decisión final.

d) En cualquier momento siempre que acrediten ser titulares de intereses que resulten afectados por la decisión final.

3. En caso de que excepcionalmente, en un procedimiento, el interesado deba presentar un documento original, tendrá derecho a:

a) Obtener una copia autenticada del documento original.

b) No desprenderse de él, presentándolo únicamente para que el funcionario correspondiente autentifique una copia con la que se quedará, devolviendo el original al interesado.

c) Recuperarlo en un plazo máximo de 30 días.

d) Ninguna norma puede exigir la presentación de documentos originales.

4. En relación al tipo de comunicación del interesado con la Administración, no es cierto que:

a) Las personas físicas puedan elegir en todo momento si se comunican con las Administraciones Públicas para el ejercicio de sus derechos y obligaciones a través de medios electrónicos o no, salvo que estén obligadas a relacionarse a través de medios electrónicos con las Administraciones Públicas.

b) Las Administraciones puedan establecer la obligación de relacionarse con ellas a través de medios electrónicos para determinados procedimientos y para ciertos colectivos de personas físicas.

c) Las personas jurídicas estén obligadas a relacionarse a través de medios electrónicos con las Administraciones Públicas para la realización de cualquier trámite de un procedimiento administrativo.

d) El medio elegido por la persona para comunicarse con las Administraciones Públicas no puede ser modificado a lo largo del procedimiento.

5. No están obligados a relacionarse a través de medios electrónicos con las Administraciones Públicas para la realización de cualquier trámite de un procedimiento administrativo:

a) Las entidades sin personalidad jurídica.

b) Todo aquel que ostente la representación de un interesado.

c) Quienes ejerzan una actividad profesional para la que se requiera colegiación obligatoria, para los trámites y actuaciones que realicen con las Administraciones Públicas en ejercicio de dicha actividad profesional.

d) Las personas jurídicas.

6. La información general se facilitará obligatoriamente a los ciudadanos, sin exigir para ello la acreditación de legitimación alguna:

a) Falso, siempre debe acreditarse interés legítimo al solicitar información.

b) Falso, la información general se facilitará si la Administración requerida lo considera conveniente.

c) Correcto, pero incompleto, porque no debe exigirse acreditación de legitimación alguna para facilitar, obligatoriamente, cualquier tipo de información a los administrados.

d) Verdadero.

7. La información administrativa relativa a la identificación, fines, competencia, estructura, funcionamiento y localización de organismos y unidades administrativas; la referida a los requisitos jurídicos o técnicos que las disposiciones impongan a los proyectos, actuaciones o solicitudes que los ciudadanos se propongan realizar; la referente a la tramitación de procedimientos, a los servicios públicos y prestaciones, así como a cualesquiera otros datos que aquéllos tengan necesidad de conocer en sus relaciones con las Administraciones públicas, en su conjunto, o con alguno de sus ámbitos de actuación, se denomina:

a) Información completa.

b) Información inicial.

c) Información básica.
d) Información general.

8. Los servicios de información administrativa y atención al ciudadano se regulan por:

a) El Real Decreto 212/1994, de 8 de marzo.
b) El Real Decreto 208/1996, de 9 de febrero.
c) El Real Decreto 216/1998, de 2 de septiembre.
d) El Real Decreto 209/1992, de 6 de agosto.

9. Las iniciativas o sugerencias formuladas por los ciudadanos que se presenten en las oficinas y centros de Información Administrativa se tramitarán mediante:

a) Las hojas de reclamaciones.
b) Las organizaciones de consumidores.
c) Las hojas del Libro de Quejas y Sugerencias.
d) Las oficinas de Inspección de Servicios.

10. Según el artículo 9 del Decreto 57/2006, ¿de quién es la responsabilidad de mantener actualizada la información de su competencia?

a) Del Boletín Oficial de La Rioja.
b) De la Oficina Central de Atención al Ciudadano.
c) De cada Consejería.
d) Del Presidente de la Comunidad Autónoma.

11. Recibida la queja o sugerencia, la unidad designada al efecto informará al interesado de las actuaciones realizadas en el plazo de:

a) 10 días naturales.
b) 15 días hábiles.
c) 20 días hábiles.
d) 20 días naturales.

12. Los canales de atención al ciudadano establecidos en el artículo 14 del Decreto 57/2006 son:

a) Presencial, telefónico y telemático.
b) Presencial, postal y digital.
c) Telefónico, telemático y postal.
d) Únicamente presencial.

13. Se define como "dirección electrónica disponible para los ciudadanos a través de redes de telecomunicaciones cuya titularidad, gestión y administración corresponde a una Administración Pública, órgano o entidad administrativa en el ejercicio de sus competencias":

a) Sede electrónica.
b) Administración electrónica.
c) Página web de una Administración Pública.
d) Estándar abierto.

14. El artículo 26.2 de la Ley 39/2015 (LPACAP), exige para ser válidos "contener información de cualquier naturaleza en un soporte electrónico según un formato determinado y susceptible de identificación y tratamiento diferenciado", a:

a) Las notificaciones administrativas.
b) Las comunicaciones electrónicas.
c) Los documentos electrónicos.
d) Los certificados electrónicos.

15. Según la LPACAP, ¿cuál es la diferencia entre identificación y firma electrónica?

a) La identificación se utiliza solo para personas jurídicas y la firma para personas físicas.
b) La identificación acredita la identidad y la firma la voluntad y el consentimiento.
c) La identificación sustituye siempre a la firma en cualquier procedimiento.
d) Ambas significan lo mismo en el ámbito administrativo.

En MADTEST tienes **más preguntas de este tema**, y todos tus avances quedan registrados y se reflejan en el ranking.

¡Supera tus límites con MADTEST!

Solución al test n.º 6

1. a) Identificar a las autoridades y al personal al servicio de las Administraciones Públicas bajo cuya responsabilidad se tramiten los procedimientos.

2. a) En cualquier momento.

3. a) Obtener una copia autenticada del documento original.

4. d) El medio elegido por la persona para comunicarse con las Administraciones Públicas no puede ser modificado a lo largo del procedimiento.

5. b) Todo aquel que ostente la representación de un interesado.

6. d) Verdadero.

7. d) Información general.

8. b) El Real Decreto 208/1996, de 9 de febrero.

9. c) Las hojas del Libro de Quejas y Sugerencias.

10. c) De cada Consejería.

11. c) 20 días hábiles.

12. a) Presencial, telefónico y telemático.

13. a) Sede electrónica.

14. c) Los documentos electrónicos.

15. b) La identificación acredita la identidad y la firma la voluntad y el consentimiento.

TEST N.º 7

Informática básica: Conceptos fundamentales sobre el hardware y software. Sistema de almacenamiento de datos. Sistemas operativos. Nociones básicas de informática

1. Indica cuál de los siguientes elementos se considera Hardware Básico:

a) CPU.
b) Tarjeta Wifi.
c) DVD.
d) Ninguna de las anteriores.

2. ¿Cuál de los siguientes elementos se puede considerar como Dispositivo de Entrada/Salida bidireccional?

a) Monitor.
b) Tarjeta de red.
c) Teclado.
d) Impresora.

3. Completar la frase. Los datos ………….. se obtienen del procesador, tras el procesamiento de los datos de entrada:

a) Salida.
b) Finales.
c) Intermedios.
d) Interiores.

4. El principio en relación a los datos e información en un sistema que indica que todos los datos necesarios para generar la información estén disponibles se denomina:

a) Integridad.
b) Encriptación.
c) Unidad.
d) Ninguna de las anteriores.

5. El CD óptico tiene una capacidad de almacenamiento aproximada de:

a) 4 GB.
b) 1 TB.
c) 4.7 GB.
d) 700 MB.

6. La diferencia fundamental entre un disco duro tradicional y un SSD estriba en que:

a) El SSD es más rápido.
b) El SSD no dispone de cabezales.
c) El disco duro dispone de mayor capacidad de almacenamiento.
d) Todas son correctas.

7. ¿El formato de archivos ext2 es típico de que Sistema Operativo?

a) Windows.
b) Linux.
c) Mac.
d) Ninguna es correcta.

8. ¿Qué unidad de almacenamiento de datos es mayor?

a) TeraByte.
b) KiloByte.
c) MegaByte.
d) GigaByte.

9. El virus que hace cada vez más lento e inoperativo al PC infectado se denomina:

a) Gusano.
b) Troyano.
c) Zombie.
d) Ninguna de las anteriores.

10. ¿Cuál de los siguientes términos NO se refiere a un algoritmo de cifrado?

a) WEP.
b) TKIP.
c) Spam.
d) WPA.

11. ¿Cuál de los siguientes elementos NO es un periférico?

a) Teclado.
b) Ratón.
c) Monitor.
d) Memoria RAM.

12. El tipo de ordenador específicamente diseñado para funcionar 24 horas durante los 7 días de la semana se denomina:

a) Portátil.
b) Servidor.
c) PC.
d) Ninguna de las anteriores.

13. La tecnología de CPU consistente en usar instrucciones simples se denomina:

a) RISC.
b) CISC.
c) DISK.
d) TISK.

14. ¿Qué tipo de memoria se utiliza para albergar la BIOS de un ordenador?

a) RAM.
b) SSD.
c) ROM.
d) Flash.

15. Si la imagen de un monitor muestra colores muy difusos es posible que el problema que tenga es que:

a) Esté imantado.
b) La frecuencia de refresco no es correcta.
c) La resolución no es adecuada.
d) Ninguna de las anteriores.

En MADTEST tienes **más preguntas de este tema**, y todos tus avances quedan registrados y se reflejan en el ranking.

¡Supera tus límites con MADTEST!

Solución al test n.º 7

1. a) CPU.

2. b) Tarjeta de red.

3. c) Intermedios.

4. a) Integridad.

5. d) 700 MB.

6. d) Todas son correctas.

7. b) Linux.

8. a) TeraByte.

9. a) Gusano.

10. c) Spam.

11. d) Memoria RAM.

12. b) Servidor.

13. a) RISC.

14. c) ROM.

15. a) Esté imantado.

TEST N.º 8

Introducción al sistema operativo: El entorno Windows. Fundamentos. Trabajo en el entorno gráfico de Windows: Ventanas, iconos, menús contextuales, cuadros de diálogo. El escritorio y sus elementos. El menú de inicio

1. ¿Qué sucede si pulsamos Alt + F4 cuando tenemos el escritorio activo y ninguna ventana seleccionada?

a) Se abre el menú de accesibilidad.
b) Se reinicia el equipo.
c) Se apaga directamente.
d) Se abre el diálogo para apagar o reiniciar el sistema.

2. En Windows 11 queremos refrescar el contenido de la ventana activa. ¿Qué tecla o teclas de acceso rápido utilizaremos?

a) F5.
b) Ctr + X.
c) Alt + F4.
d) Ctrl + Alt + Tab.

3. ¿Cuál de los siguientes son todos modos de captura de la herramienta Recortes?

a) Forma Libre, rectangular y circular.
b) Forma Libre, ventana y línea.
c) Forma Libre, circular y ventana.
d) Forma Libre, rectangular y ventana.

4. ¿Cuál de los siguientes es un tipo de imagen que se puede abrir con Paint?

a) TIG.
b) JPEG.
c) TIF2.
d) ICA.

5. En Windows 11 queremos ver alguna información sobre el computador, como el nombre del PC, la edición de Windows instalada, o la cantidad de RAM instalada. Dentro de la configuración sistema, ¿qué opción elegiremos?

a) Aplicaciones y Características.
b) Almacenamiento.
c) Acerca de…
d) Notificaciones y Acciones.

6. Los dispositivos que se conectan mediante las entradas que permiten los conectores USB, necesitan, antes de retirarlos del equipo, cerrar todos los procesos que tienen acceso a sus archivos. Para la extracción segura de dispositivos USB se usa la función de:

a) Extracción segura.
b) Extracción USB.
c) Desconexión segura.
d) Desconexión USB.

7. En Windows 11 tenemos una aplicación muy sencilla de configurar que tiene por gran virtud simplificar el trabajo con el escáner físico tradicional, ya que permite escanear y enviar imágenes de documentos a otro fax o a una dirección de correo electrónico. ¿Cuál es su nombre?

a) Impresoras y escáneres.
b) Windows Fax.
c) Windows Scanner.
d) Fax y Escáner.

8. ¿Por qué cantidad de bits está formado un byte?

a) Por 16.
b) Por 8.
c) Por 2.
d) Por 32.

9. ¿Cuál de las siguientes funciones no se encuentra al hacer clic derecho sobre el escritorio?

a) Configurar pantalla.
b) Personalizar iconos del sistema.
c) Ordenar iconos por nombre.
d) Cambiar la fuente del sistema

10. ¿Qué elemento del escritorio permite acceder a las aplicaciones ancladas y abiertas?

a) Menú Inicio.
b) Escritorio.

c) Barra de tareas.
d) Explorador de archivos.

11. ¿Qué acción realizamos al pulsar la combinación de teclas Windows + D?

a) Se abre el Explorador de archivos.
b) Se minimizan todas las ventanas para mostrar el escritorio.
c) Se abre el menú de configuración rápida.
d) Se activa el modo avión.

12. ¿Cuál de las siguientes aplicaciones sí forma parte del grupo de aplicaciones básicas en Windows 11?

a) Excel.
b) Bloc de notas.
c) Power BI.
d) Edge Dev.

13. ¿Qué permite la nueva barra de herramientas del Bloc de notas cuando trabajamos con archivos .md?

a) Insertar tablas de Excel.
b) Añadir enlaces y texto con formato.
c) Cambiar el nombre del archivo.
d) Cifrar el contenido del documento.

14. ¿Qué opción de la calculadora permite saber cuántos días hay entre dos fechas?

a) Modo programador.
b) Modo conversión.
c) Cálculo de fechas.
d) Cálculo financiero.

15. ¿Qué elemento de la interfaz de Windows 11 permite anclar aplicaciones y consultar las más utilizadas o recientes?

a) Barra de tareas.
b) Menú Inicio.
c) Escritorio.
d) Centro de notificaciones.

En MADTEST tienes **más preguntas de este tema**, y todos tus avances quedan registrados y se reflejan en el ranking.

¡Supera tus límites con MADTEST!

Solución al test n.º 8

1. d) Se abre el diálogo para apagar o reiniciar el sistema.

2. a) F5.

3. d) Forma Libre, rectangular y ventana.

4. b) JPEG.

5. c) Acerca de…

6. c) Desconexión segura.

7. d) Fax y Escáner.

8. b) Por 8.

9. d) Cambiar la fuente del sistema.

10. c) Barra de tareas.

11. b) Se minimizan todas las ventanas para mostrar el escritorio.

12. b) Bloc de notas.

13. b) Añadir enlaces y texto con formato.

14. c) Cálculo de fechas.

15. b) Menú Inicio.

El explorador de Windows: Gestión de carpetas y archivos. Operaciones de búsqueda. Mi PC. Accesorios. Herramientas del sistema

1. ¿Cuál de las siguientes opciones no es un permiso de usuario autentificado en una carpeta de Windows 11?

a) Lectura y escritura.
b) Lectura y ejecución.
c) Mostrar el contenido de la carpeta.
d) Modificar.

2. ¿Cuál es la acción que realiza en el explorador de archivos la combinación de teclas Alt + Flecha arriba?

a) Ver la carpeta siguiente.
b) Ver la carpeta que contenía la carpeta seleccionada.
c) Ver la carpeta anterior.
d) Abrir el cuadro de diálogo Propiedades del elemento seleccionado.

3. En la frase: "Es posible que hayamos empezado a cortar un archivo y cambiemos de opinión y no queramos moverlo. No pasa nada, pulsamos la tecla _____ para indicar que no vamos a continuar". ¿A qué tecla se refiere?

a) Esc.
b) Tab.
c) Ctrl.
d) Alt + Shift.

4. ¿A cuánto equivalen 762 Kb?

a) 780.831 bits.
b) 780.831 Kbytes.
c) 780.831 Mbytes.
d) 780.831 bytes.

5. ¿Por qué cantidad de bits está formado un byte?

a) Por 16.
b) Por 8.
c) Por 2.
d) Por 32.

6. ¿Cuál de los siguientes símbolos no pueden usarse en el nombre de un archivo de Windows?

a) \ ?
b) @ ?
c) < $
d) < > &

7. En la opción "Este Equipo" del explorador de Windows, además de las carpetas por defecto, encontraré información de:

a) Conexiones de Red.
b) Unidades de disco.
c) Nuevos Elementos.
d) Carpetas favoritas.

8. En el Explorador de Windows 11:

a) Hay Cinta de Opciones, Caja de direcciones y panel de navegación.
b) Hay Cinta de Opciones, Caja de Búsqueda y panel de direcciones.
c) Hay Cinta de Opciones, Caja de navegación y panel de búsqueda.
d) Hay Cinta de Opciones, Caja de Búsqueda y panel de navegación.

9. Al realizar una búsqueda avanzada desde el explorador de Windows 11, en el tamaño, cual no es una opción correcta:

a) Minúsculo.
b) Mediano.
c) Muy grande.
d) Gigantesco.

10. Al realizar una búsqueda avanzada desde el explorador de Windows 11, en la fecha de modificación, cual no es una opción correcta:

a) El mes pasado.
b) Este año.
c) Mes actual.
d) El año pasado.

11. ¿Cuál de las siguientes opciones no es operador booleano valido para buscar desde el explorador de Windows 11?

a) AND.
b) OR.
c) NOT.
d) NOR.

12. Para seleccionar varios elementos alternativos:

a) Mantenemos pulsada la tecla Shift y hacemos clic sobre los elementos.
b) Hacemos clic en el primero de los elementos y mantenemos pulsada la tecla Shift y hacemos clic sobre el último de los elementos.
c) Mantenemos pulsada la tecla Ctrl y hacemos clic sobre los elementos.
d) Hacemos clic en el primero de los elementos y mantenemos pulsada la tecla Ctrl y hacemos clic sobre el último de los elementos.

13. Para mover una carpeta lo que hacemos es:

a) Cortar y Mover.
b) Copiar y Pegar.
c) Mover y Pegar.
d) Cortar y Pegar.

14. ¿Cuál de las siguientes opciones no es una visualización de los archivos de Windows 11?

a) Iconos muy grandes.
b) Iconos.
c) Iconos medianos.
d) Iconos pequeños.

15. Podemos decir que la letra "A" en las unidades:

a) Está en desuso y solía ser para disqueteras.
b) Es para unidades extraíbles.
c) Depende de la existencia de unidad B.
d) Para grabadoras de DVD/CD.

En MADTEST tienes **más preguntas de este tema**, y todos tus avances quedan registrados y se reflejan en el ranking.

¡Supera tus límites con MADTEST!

Solución al test n.º 9

1. a) Lectura y escritura.

2. b) Ver la carpeta que contenía la carpeta seleccionada.

3. a) Esc.

4. d) 780.831 bytes.

5. b) Por 8.

6. a) \ ?

7. b) Unidades de disco.

8. d) Hay Cinta de Opciones, Caja de Búsqueda y panel de navegación.

9. c) Muy grande.

10. c) Mes actual.

11. d) NOR.

12. d) Hacemos clic en el primero de los elementos y mantenemos pulsada la tecla Ctrl y hacemos clic sobre el último de los elementos.

13. d) Cortar y Pegar.

14. b) Iconos.

15. a) Está en desuso y solía ser para disqueteras.

TEST N.º 10

Procesadores de texto: Word. Principales funciones y utilidades. Creación y estructuración del documento. Gestión, grabación, recuperación e impresión de ficheros. Personalización del entorno de trabajo

1. En Microsoft Word 2016, la Cinta de Opciones, que contiene las herramientas y utilidades principales, se organiza fundamentalmente en:

a) Paneles de herramientas, agrupados por funcionalidad.
b) Grupos lógicos, que agrupan las diferentes opciones.
c) Pestañas, divididas a su vez en categorías lógicas.
d) Barras de acceso rápido, personalizables para el usuario.

2. Respecto al "Color de fuente automático" en Microsoft Word 2016, ¿cuál de las siguientes afirmaciones es correcta?

a) Siempre es negro, independientemente del sombreado del párrafo.
b) Se adapta al color definido en el Panel de control de Microsoft Windows, y por defecto es negro, a menos que se cambie o si el párrafo tiene un 80% o más de sombreado, en cuyo caso cambia a blanco.
c) En párrafos con un 50% de sombreado, se aplica automáticamente el color blanco.
d) Es siempre el mismo color que el "Color de resaltado del Texto".

3. Para cambiar la alineación de un solo párrafo en Word 2016 utilizando los botones del grupo Párrafo de la ficha Inicio:

a) Siempre es necesario seleccionar completamente el párrafo antes de pulsar el botón.
b) Basta con colocar el cursor en cualquier parte del párrafo para aplicar la alineación.
c) Es recomendable seleccionar solo la primera línea del párrafo para que la alineación surta efecto.
d) Se debe hacer doble clic en el párrafo para activarlo antes de aplicar la alineación.

4. La principal ventaja que ofrecen los estilos en Word 2016, más allá de la aplicación rápida de formato, es:

a) Asegurar que todos los documentos tengan siempre el estilo Normal por defecto.

b) Facilitar la edición colaborativa con control de cambios integrado.

c) Permitir modificar las características de un estilo una sola vez y que los cambios se apliquen automáticamente a todos los lugares donde se haya usado.

d) Optimizar el tamaño del archivo del documento al reducir la información de formato.

5. Si un usuario de Word 2016 desea configurar con precisión las distancias a las que se sitúan tanto la viñeta como el texto en una lista, ¿cuál es el método más adecuado?

a) Arrastrar manualmente las sangrías y la tabulación desde la regla del documento.

b) Pulsar con el botón derecho del ratón sobre el párrafo que contiene la viñeta y seleccionar la opción "Ajustar sangrías de lista…".

c) Utilizar la lista desplegable "Definir nueva lista…" en el botón Viñetas y modificar el símbolo.

d) Ir a "Archivo > Opciones > Avanzadas" y buscar las configuraciones de lista.

6. En un esquema numerado o lista multinivel en Word 2016, ¿qué combinación de teclas permite disminuir un nivel de esquema?

a) Ctrl + Tabulador.

b) Alt + Tabulador.

c) Mayúsculas + Tabulador.

d) Solo se puede cambiar el nivel usando el botón "Lista Multinivel" y la opción "Cambiar nivel de lista".

7. Para modificar únicamente la altura o la anchura de una imagen en Word 2016, sin alterar su proporción, ¿qué elementos se deben arrastrar?

a) Los círculos situados en las esquinas de la imagen, sin pulsar ninguna tecla adicional.

b) Los cuadrados situados entre cada uno de los círculos en el marco de la imagen.

c) Siempre se modifican ambas dimensiones proporcionalmente, no es posible cambiar solo una.

d) Es necesario acceder a la pestaña Formato y cambiar los valores numéricos de altura o anchura.

8. Antes de imprimir un documento en Word 2016, para asegurarse de visualizarlo tal cual se imprimirá, incluyendo gráficos, encabezados y pies de página, ¿qué vista del documento se debe utilizar?

a) Modo de lectura.

b) Diseño Web.

c) Diseño de impresión.

d) Borrador.

9. Al personalizar la cinta de opciones en Word 2016, ¿cuál es la función del botón "Restablecer"?

a) Eliminar todas las pestañas y grupos personalizados creados por el usuario.
b) Restaurar solo el grupo seleccionado a su configuración predeterminada.
c) Recuperar el aspecto estándar y original de Microsoft Word en la cinta de opciones.
d) Guardar la configuración actual de la cinta de opciones como una plantilla personal.

10. En Word 2016, al utilizar la opción "Original" para visualizar cambios en un documento:

a) Se muestra la versión final con todas las marcas de revisión visibles.
b) Se eliminan todos los cambios sugeridos del documento de forma permanente.
c) Se presenta la versión original y se ocultan las marcas, pero los cambios aún deben aceptarse o rechazarse.
d) Se visualiza la versión final sin los cambios tachados, mostrando solo marcas rojas en el margen.

11. ¿Qué sucede en Word 2016 al pulsar la tecla Tabulador (Tab) estando el cursor en la última celda de una tabla?

a) Se desplaza a la primera celda de la fila siguiente.
b) Se inserta automáticamente una nueva fila al final de la tabla.
c) Se ajusta el ancho de la columna actual para dar espacio a más contenido.
d) El cursor se mueve al inicio del documento, fuera de la tabla.

12. En Word 2016, si un usuario desea borrar únicamente el contenido de una celda de una tabla sin eliminar la celda en sí, ¿qué tecla debe pulsar?

a) Retroceso (Backspace).
b) Suprimir.
c) Ctrl + X.
d) Alt + Suprimir.

13. Al insertar una fórmula en una tabla de Word 2016 para realizar cálculos con datos numéricos, ¿cuál de las siguientes afirmaciones es falsa?

a) Se pueden usar funciones como SUMA o COUNT.
b) Se pueden especificar celdas a calcular utilizando referencias como ABOVE, BELOW, RIGHT o LEFT.
c) El resultado de la fórmula se recalcula automáticamente si cambian los valores incluidos en el cálculo.
d) Es importante tener claras las identificaciones de las celdas, similar a una hoja de cálculo de Excel.

14. ¿Cuál es la función principal de la plantilla «Normal.dotm» en Word 2016?

a) Es una plantilla exclusiva para documentos de correo electrónico.

b) Se utiliza para crear documentos con macros exclusivamente.

c) Es la plantilla por defecto que se aplica a un documento vacío nuevo, definiendo márgenes, fuente y estilos predeterminados.

d) Es una plantilla para buscar imágenes en línea desde BING.

15. Para realizar una combinación de correspondencia exitosa en Word 2016, se necesitan fundamentalmente dos elementos. ¿Cuáles son?

a) Un documento maestro y varios subdocumentos.

b) Una base de datos u origen de datos, y una carta modelo o documento principal.

c) Un formulario y sus controles de contenido.

d) Un índice alfabético y una tabla de contenido.

En MADTEST tienes **más preguntas de este tema**, y todos tus avances quedan registrados y se reflejan en el ranking.

¡Supera tus límites con MADTEST!

Solución al test n.º 10

1. c) Pestañas, divididas a su vez en categorías lógicas.

2. b) Se adapta al color definido en el Panel de control de Microsoft Windows, y por defecto es negro, a menos que se cambie o si el párrafo tiene un 80% o más de sombreado, en cuyo caso cambia a blanco.

3. b) Basta con colocar el cursor en cualquier parte del párrafo para aplicar la alineación.

4. c) Permitir modificar las características de un estilo una sola vez y que los cambios se apliquen automáticamente a todos los lugares donde se haya usado.

5. b) Pulsar con el botón derecho del ratón sobre el párrafo que contiene la viñeta y seleccionar la opción "Ajustar sangrías de lista…".

6. c) Mayúsculas + Tabulador.

7. b) Los cuadrados situados entre cada uno de los círculos en el marco de la imagen.

8. c) Diseño de impresión.

9. c) Recuperar el aspecto estándar y original de Microsoft Word en la cinta de opciones.

10. c) Se presenta la versión original y se ocultan las marcas, pero los cambios aún deben aceptarse o rechazarse.

11. b) Se inserta automáticamente una nueva fila al final de la tabla.

12. b) Suprimir.

13. c) El resultado de la fórmula se recalcula automáticamente si cambian los valores incluidos en el cálculo.

14. c) Es la plantilla por defecto que se aplica a un documento vacío nuevo, definiendo márgenes, fuente y estilos predeterminados.

15. b) Una base de datos u origen de datos, y una carta modelo o documento principal.

TEST N.º 11

Hojas de cálculo: Excel. Principales funciones y utilidades. Libros, hojas y celdas. Configuración. Introducción y edición de datos. Fórmulas y funciones. Gráficos. Gestión de datos. Personalización del entorno de trabajo

1. En Microsoft Excel 2016, ¿cómo se alinean por defecto los valores numéricos y los valores de texto al introducirlos en una celda?

a) Ambos se alinean a la izquierda.

b) Ambos se alinean a la derecha.

c) *Los valores numéricos a la derecha y los valores de texto a la izquierda.*

d) Los valores numéricos a la izquierda y los valores de texto a la derecha.

2. Si se introduce un número entre paréntesis, como (10), en una celda de Excel 2016, ¿cómo lo interpreta y muestra Excel?

a) Lo interpreta como texto y lo muestra como (10).

b) Lo interpreta como un error y muestra #¡VALOR!.

c) Lo interpreta como un número negativo y lo muestra como -10.

d) Lo interpreta como un número positivo y lo muestra como 10.

3. ¿Qué ocurre con un texto si es demasiado largo para la anchura de una celda en Excel 2016 y la celda contigua a la derecha está vacía?

a) El texto se trunca y solo se muestra la parte que cabe en la celda.

b) El texto se ajusta automáticamente a varias líneas dentro de la misma celda.

c) El texto se superpone a las celdas de su derecha, aunque sigue perteneciendo solo a la celda original.

d) Excel automáticamente aumenta el ancho de la columna para que el texto sea visible.

4. ¿Cuál es la función principal del cursor en forma de cruz negra fina que aparece en la esquina inferior derecha de una celda seleccionada en Excel 2016?

a) Mover la celda completa con su contenido.
b) Cambiar el ancho de la columna.
c) Rellenar celdas adyacentes con datos o extender series.
d) Seleccionar un rango de celdas.

5. Para acceder a todas las opciones relativas al formato de celdas (como Fuente, Alineación o Número) en Excel 2016, ¿dónde se debe hacer clic?

a) En el botón "Pegar" de la ficha Inicio.
b) En el grupo "Edición" de la ficha Inicio.
c) En alguno de los iconos que dan acceso a la ventana de Formato de Celdas (iniciadores de cuadros de diálogo).
d) Directamente en la barra de fórmulas.

6. ¿Cuál es el propósito principal de utilizar el formato condicional en una hoja de cálculo de Excel 2016?

a) Proteger celdas para que no puedan ser modificadas.
b) Combinar celdas para unificar títulos.
c) Resaltar tendencias o patrones en los datos de una tabla para una mejor comprensión.
d) Cambiar la orientación del texto dentro de las celdas.

7. ¿Cuál es la combinación de teclas para insertar una nueva hoja de cálculo en Excel 2016?

a) CTRL + F11
b) ALT + F11
c) MAYÚS + F11
d) CTRL + MAYÚS + N

8. Cuando se oculta una hoja de cálculo en Excel 2016, ¿qué sucede con los cálculos que utilizan valores de esa hoja oculta en otras hojas?

a) Los cálculos muestran un error, ya que no pueden acceder a la hoja oculta.
b) Los cálculos se detienen y no se actualizan hasta que la hoja se vuelve a mostrar.
c) Los cálculos se siguen realizando normalmente, esté la hoja visible o no.
d) La hoja oculta es automáticamente eliminada si no se usa activamente.

9. En la configuración de página de Excel 2016, ¿qué opciones se pueden elegir para la orientación del papel?

a) Solo Vertical.
b) Solo Horizontal.

c) Horizontal o Vertical.
d) La orientación se define automáticamente según el contenido.

10. Según la sintaxis de una función en Excel 2016, ¿qué símbolo debe preceder al nombre de la función si esta inicia una fórmula?

a) El signo de suma (+).
b) El paréntesis de apertura (().
c) El signo igual (=).
d) El signo de dólar ($).

11. ¿Qué tipo de argumentos pueden aceptar las funciones en Excel 2016?

a) Solo números y texto.
b) Solo rangos y referencias.
c) Solo valores lógicos o de error.
d) Números, texto, rangos, referencias y valores lógicos o de error.

12. El error #¡NUM! en Excel 2016 se produce cuando:

a) Excel no reconoce el texto de la fórmula.
b) Se está realizando cálculos con tipos de datos distintos.
c) Una fórmula o función requiere un dato numérico y se ha introducido un dato no numérico.
d) Se utiliza una referencia de celda no válida.

13. Si la celda C1 contiene la fórmula =A1+B1 y se copia y pega en la celda C3, ¿qué tipo de referencia hace que la fórmula cambie automáticamente a =A3+B3?

a) Referencia absoluta.
b) Referencia mixta.
c) Referencia relativa.
d) Referencia constante.

14. En los elementos de un gráfico de Excel 2016, ¿qué representa un "Punto de datos"?

a) La descripción gráfica y escrita de la serie de datos.
b) El nombre que se le asigna al gráfico.
c) Cada uno de los valores asociados a una categoría (barra, área, punto, sector, etc.).
d) El rango de valores que se está representando.

15.   Al crear un gráfico en Excel 2016, ¿de dónde se obtienen los datos para el eje X (eje de categorías) y la leyenda, respectivamente?

a) El eje X de la primera columna y la leyenda de la primera fila.
b) Ambos del título del gráfico.
c) El eje X de la primera fila y la leyenda de la primera columna de la tabla seleccionada.
d) El eje X de la última fila y la leyenda de la última columna.

En MADTEST tienes **más preguntas de este tema**, y todos tus avances quedan registrados y se reflejan en el ranking.

¡Supera tus límites con MADTEST!

Solución al test n.º 11

1. c) Los valores numéricos a la derecha y los valores de texto a la izquierda.

2. c) Lo interpreta como un número negativo y lo muestra como -10.

3. c) El texto se superpone a las celdas de su derecha, aunque sigue perteneciendo solo a la celda original.

4. c) Rellenar celdas adyacentes con datos o extender series.

5. c) En alguno de los iconos que dan acceso a la ventana de Formato de Celdas (iniciadores de cuadros de diálogo).

6. c) Resaltar tendencias o patrones en los datos de una tabla para una mejor comprensión.

7. c) MAYÚS + F11

8. c) Los cálculos se siguen realizando normalmente, esté la hoja visible o no.

9. c) Horizontal o Vertical.

10. c) El signo igual (=).

11. d) Números, texto, rangos, referencias y valores lógicos o de error.

12. c) Una fórmula o función requiere un dato numérico y se ha introducido un dato no numérico.

13. c) Referencia relativa.

14. c) Cada uno de los valores asociados a una categoría (barra, área, punto, sector, etc.).

15. c) El eje X de la primera fila y la leyenda de la primera columna de la tabla seleccionada.

TEST N.º 12

Bases de datos: Access. Principales funciones y utilidades. Tablas. Consultas. Formularios. Informes. Relaciones. Importación, vinculación y exportación de datos

1. ¿Qué opciones presenta la ventana inicial al abrir Microsoft Access 2016?

a) Elegir alguno de los últimos archivos con los que hemos trabajado, empezar un documento en blanco o abrir un archivo.

b) Elegir alguno de los archivos recientes, empezar una base de datos nueva o comenzar con alguna plantilla predeterminada.

c) Elegir archivos recientes, crear una tabla nueva o ejecutar una consulta.

d) Elegir archivos recientes, importar datos o exportar datos.

2. ¿Cuál es la longitud máxima permitida para los nombres de campo en Microsoft Access 2016 y qué caracteres especiales NO pueden incluirse?

a) 64 caracteres; no puede incluir un punto (.), un signo de admiración (!), un acento grave (`) y corchetes ([ ]).

b) 255 caracteres; no puede incluir un punto (.), un signo de admiración (!), un acento grave (`) y comillas (" ").

c) 64 caracteres; no puede incluir comas (,), punto y coma (;), y guiones (-).

d) 255 caracteres; no puede incluir espacios al principio.

3. ¿Qué longitud máxima de caracteres permite el tipo de dato «Texto Largo» en Access 2016 y cómo se llamaba en versiones anteriores?

a) 255 caracteres; se llamaba "Texto".

b) 64.000 caracteres; se llamaba "Memo".

c) 1 Gb; se llamaba "Objeto OLE".

d) 2 Gb; se llamaba "Datos Adjuntos".

4. ¿Para qué se suele utilizar el campo de tipo «Autonumérico» en Access 2016?

a) Para números con los que se vayan a efectuar cálculos.

b) Para almacenar valores monetarios.

c) Como campo clave, ya que su valor aumenta con cada nuevo registro y no se repite.
d) Para almacenar fechas y horas.

5. ¿Cuál de las siguientes afirmaciones es correcta sobre el tipo de dato «Calculado» en Access 2016?

a) Es una novedad de 2016 que ofrece crear una fórmula en el campo.
b) Permite almacenar objetos creados con otros programas.
c) Se utiliza para campos que contengan solo uno de dos valores posibles (Sí/No).
d) Su longitud máxima es de 2 Gb.

6. En las máscaras de entrada de Access, ¿qué significa el carácter 'L'?

a) El usuario puede escribir una letra o un dígito.
b) El usuario debe escribir una letra.
c) El usuario puede escribir un dígito (0 a 9).
d) El usuario debe escribir un carácter o un espacio.

7. ¿Para qué se utiliza la opción «Compactar y reparar la base de datos» en Access?

a) Para optimizar el tamaño de los campos de texto largo.
b) Para corregir errores o ralentizaciones de los objetos de la base de datos.
c) Para establecer las relaciones entre tablas automáticamente.
d) Para crear una copia de seguridad de la base de datos.

8. En una relación de tipo "varios a varios" en Access, ¿cuál es la característica principal?

a) Cada registro de la tabla principal puede tener muchos registros coincidentes en la tabla relacionada, pero la tabla relacionada solo puede tener un registro en la principal.
b) Un registro de la tabla principal puede tener muchos registros coincidentes en la tabla relacionada y la tabla relacionada puede tener muchos registros coincidentes en la tabla principal.
c) Cada registro de la tabla principal solo puede tener un registro coincidente en la tabla relacionada y viceversa.
d) Se relaciona una tabla principal con una tabla secundaria mediante un campo Autonumérico.

9. Cuando se establece la integridad referencial en Access, ¿cuáles son las excepciones en los tipos de datos que pueden relacionarse?

a) Un campo "Texto Corto" puede relacionarse con un campo "Texto Largo".
b) Un campo "Fecha/Hora" puede relacionarse con un campo "Número".
c) Un campo "Autonumérico" puede relacionarse con un campo "Numérico" con la propiedad "Tamaño del campo" establecida a "Entero largo".
d) Un campo "Sí/No" puede relacionarse con un campo "Moneda".

10. Cuando se exige la integridad referencial en Access, ¿qué regla se aplica si se intenta eliminar un registro de una tabla principal que tiene registros coincidentes en una tabla relacionada?

a) No se puede eliminar el registro de la tabla principal si existen registros coinciden-tes en una tabla relacionada.

b) El registro se elimina automáticamente en ambas tablas.

c) Se solicita una contraseña para permitir la eliminación.

d) Se convierte en una relación de "varios a varios".

11. Si en Access se marca la opción "Actualizar en cascada los campos relaciona-dos" al establecer la integridad referencial, ¿qué sucede?

a) Si se elimina un registro de la tabla principal, se eliminan automáticamente todos los registros relacionados en la tabla relacionada.

b) Si se actualiza la clave principal de un registro de la tabla principal, automáticamen-te se actualizarán todos los registros de la tabla relacionada.

c) Se permite cambiar el ISBN de un libro en la tabla "Libros" solo si no hay préstamos asignados.

d) Se evita la duplicidad de información en los campos relacionados.

12. ¿Cuál es la diferencia principal entre las consultas de selección y las consultas de acción en Access?

a) Las de selección solo buscan datos, mientras que las de acción solo modifican datos.

b) Las de selección solo muestran datos sin modificarlos, mientras que las de acción muestran datos y realizan operaciones sobre las tablas.

c) Las de selección se usan para una tabla, y las de acción para varias tablas.

d) Las de selección utilizan el asistente, y las de acción la vista diseño.

13. Si una consulta de selección en Access se basa en una sola tabla, ¿qué sucede si se modifican datos directamente en la "Vista Hoja de datos de la consulta"?

a) Los datos se modifican en la consulta, pero no en la tabla origen.

b) Los datos se modifican en la tabla origen.

c) Se genera un error de integridad referencial.

d) No se pueden modificar los datos en esta vista para consultas de selección.

14.   En la vista diseño de las consultas de Access, ¿cuál es la función de la "Cua-drícula de diseño"?

a) Muestra el nombre de la consulta y el tipo de consulta.

b) Permite establecer las condiciones de una consulta, decidir qué campos usar, cuá-les mostrar u ocultar y el orden.

c) Separa la zona de datos de la cuadrícula de diseño.

d) Muestra la lista de campos de la tabla utilizada.

15. ¿Cómo se denomina al conjunto de la fila «Criterios» y la fila «O» (y las que hay debajo) en la cuadrícula de diseño de una consulta en Access?

a) Filas de campos.

b) Filas de ordenación.

c) Filas de condiciones.

d) Filas de visualización.

En MADTEST tienes **más preguntas de este tema**, y todos tus avances quedan registrados y se reflejan en el ranking.

¡Supera tus límites con MADTEST!

Solución al test n.º 12

1. b) Elegir alguno de los archivos recientes, empezar una base de datos nueva o comenzar con alguna plantilla predeterminada.

2. a) 64 caracteres; no puede incluir un punto (.), un signo de admiración (!), un acento grave (`) y corchetes ([ ]).

3. b) 64.000 caracteres; se llamaba "Memo".

4. c) Como campo clave, ya que su valor aumenta con cada nuevo registro y no se repite.

5. a) Es una novedad de 2016 que ofrece crear una fórmula en el campo.

6. b) El usuario debe escribir una letra.

7. b) Para corregir errores o ralentizaciones de los objetos de la base de datos.

8. b) Un registro de la tabla principal puede tener muchos registros coincidentes en la tabla relacionada y la tabla relacionada puede tener muchos registros coincidentes en la tabla principal.

9. c) Un campo "Autonumérico" puede relacionarse con un campo "Numérico" con la propiedad "Tamaño del campo" establecida a "Entero largo".

10. a) No se puede eliminar el registro de la tabla principal si existen registros coincidentes en una tabla relacionada.

11. b) Si se actualiza la clave principal de un registro de la tabla principal, automáticamente se actualizarán todos los registros de la tabla relacionada.

12. b) Las de selección solo muestran datos sin modificarlos, mientras que las de acción muestran datos y realizan operaciones sobre las tablas.

13. b) Los datos se modifican en la tabla origen.

14. b) Permite establecer las condiciones de una consulta, decidir qué campos usar, cuáles mostrar u ocultar y el orden.

15. c) Filas de condiciones.

TEST N.º 13

Correo electrónico: Concepto elementales y funcionamiento. En entorno de trabajo. Enviar, recibir, responder y reenviar mensajes. Creación de mensajes. Reglas de mensaje. Libreta de direcciones

1. ¿Cuál es la longitud máxima que puede tener una dirección de correo electrónico según las fuentes?

a) 64 caracteres.
b) 128 caracteres.
c) 254 caracteres.
d) 512 caracteres.

2. ¿Qué protocolo se utiliza para el envío de correo saliente desde el cliente hacia Internet en el funcionamiento estándar del correo electrónico?

a) POP.
b) IMAP.
c) SMTP.
d) HTTP.

3. En el entorno de trabajo de Microsoft Outlook 2016, ¿qué parte muestra el contenido de los mensajes?

a) Barra de Herramientas.
b) Panel de lectura.
c) Carpetas de Correo.
d) Bandeja.

4. ¿Qué carpeta de correo de Outlook 2016 contiene los mensajes que aún no se han finalizado o que fueron guardados por el sistema por diversas causas?

a) Bandeja de entrada.
b) Elementos enviados.
c) Borradores.
d) Elementos eliminados.

5. Si se necesita añadir una nueva cuenta de correo electrónico en Outlook 2016 después de la configuración inicial, ¿a qué ruta se debe acceder?

a) Archivo > Opciones > Cuentas.
b) Archivo > Información > Agregar nueva cuenta.
c) Inicio > Nueva cuenta.
d) Enviar y Recibir > Configurar cuenta.

6. ¿Qué pestaña en Microsoft Outlook 2016 contiene las opciones básicas de guardar, imprimir y la configuración general del programa?

a) Inicio.
b) Enviar y Recibir.
c) Archivo.
d) Vista.

7. En la pestaña "Archivo" de Outlook 2016, ¿qué opción permite reducir el espacio consumido por archivos vaciando los elementos eliminados?

a) Configuración de la cuenta.
b) Respuestas automáticas.
c) Herramientas de limpieza.
d) Administrador de Reglas y Alertas.

8. Cuando se redacta un nuevo mensaje en Outlook 2016, ¿qué combinación de teclas es un método abreviado para crearlo desde cualquier carpeta?

a) CTRL+N.
b) CTRL+M.
c) CTRL+MAYÚS+M.
d) CTRL+ALT+M.

9. ¿Qué prefijo se añade automáticamente al asunto de un mensaje cuando se responde a un correo electrónico en Outlook 2016?

a) RE:.
b) RV:.
c) RS:.
d) FW:.

10. ¿Cuál de las siguientes acciones es aconsejable realizar con el panel de lectura de Outlook 2016 para evitar que correos maliciosos se abran automáticamente?

a) Activarlo en modo seguro.
b) Desactivarlo.
c) Configurar su vista previa para solo texto.
d) Dejarlo en la configuración predeterminada.

11. En Outlook 2016, ¿es posible configurar diferentes firmas de correo electrónico para cada cuenta de correo electrónico que se tenga añadida?

a) Sí, pero solo para cuentas de pago.
b) No, solo se puede tener una firma global.
c) Sí, se pueden tener distintas firmas para cada cuenta.
d) Solo si la cuenta es de Gmail.

12. ¿Dónde se encuentra la gestión de las reglas de mensaje en la pestaña de Inicio de Outlook 2016?

a) Grupo Nuevo.
b) Grupo Eliminar.
c) Grupo Mover.
d) Grupo Etiquetas.

13. ¿Cuál es el propósito principal de un Grupo de Contactos (anteriormente lista de distribución) en Outlook 2016?

a) Almacenar contactos detallados individualmente.
b) Enviar un correo electrónico a varias personas sin añadir cada nombre individualmente. c) Sincronizar contactos con redes sociales.
d) Filtrar correos no deseados de un grupo específico.

14. Según las fuentes, ¿cuál es el tamaño máximo de un archivo PST para Outlook 2016?

a) 20 GB.
b) 50 GB.
c) 15 GB.
d) No hay límite.

15. ¿Qué tipo de reglas de mensaje en Outlook 2016 le envían alguna clase de notificación cuando se recibe un mensaje en particular?

a) Mantenerse organizado.
b) Mantenerse actualizado.
c) Iniciar desde una regla en blanco.
d) Reglas de archivo.

En MADTEST tienes **más preguntas de este tema**, y todos tus avances quedan registrados y se reflejan en el ranking.

¡Supera tus límites con MADTEST!

Solución al test n.º 13

1. c) 254 caracteres.

2. c) SMTP.

3. b) Panel de lectura.

4. c) Borradores.

5. b) Archivo > Información > Agregar nueva cuenta.

6. c) Archivo.

7. c) Herramientas de limpieza.

8. c) CTRL+MAYÚS+M.

9. a) RE:.

10. b) Desactivarlo.

11. c) Sí, se pueden tener distintas firmas para cada cuenta.

12. c) Grupo Mover.

13. b) Enviar un correo electrónico a varias personas sin añadir cada nombre individualmente. c) Sincronizar contactos con redes sociales.

14. b) 50 GB.

15. b) Mantenerse actualizado.

TEST N.º 14

La Red Internet: Origen, evolución y estado actual. Conceptos elementales sobre protocolos y servicios en Internet. Navegación, favoritos, historial y búsqueda. Los menús de Internet. Explorer y sus funciones

Nota: A pesar de que se pide Explorer en el enunciado, debido a su obsolescencia y a que no se puede utilizar en los últimos sistemas operativos de Microsoft, se sustituye por el Edge, siendo sus menús, base de funcionamiento, etc. iguales al Explorer en prácticamente todo. Las preguntas, por tanto, se apoyan en Edge.

1. ¿Qué afirmación es correcta al respecto de Internet?

a) Internet es una red de ordenadores centralizada.
b) Internet es una red de ordenadores descentralizada.
c) Internet es un conjunto de ordenadores sin relación de ningún tipo.
d) Ninguna de las anteriores.

2. ¿Cuándo apareció el primer navegador Web?

a) En 1980.
b) En 1989.
c) En 1990.
d) En 1999.

3. La publicidad en la red de Internet se conoce como:

a) Banner.
b) Pop-Ups.
c) Chats.
d) Cookies.

4. ¿Cómo se denomina a la red local de datos?

a) WAN.
b) UMTS.

c) WiFi.
d) LAN.

5. ¿Cuál de los siguientes términos no está relacionado con protocolos de Internet?

a) TCP/IP.
b) HTTP.
c) Java.
d) FTP.

6. El lugar donde se ofrecen páginas de Internet para ser consultadas se denomina:

a) Proxy.
b) Server.
c) Gateway.
d) Rúter.

7. Para convertir un nombre de dominio en una dirección IP pública a la que poder acceder se hace uso de:

a) DNS.
b) NDS.
c) SDN.
d) Gateway.

8. Para proteger nuestro PC de accesos indeseados, se puede hacer uso de:

a) Gateway.
b) Router.
c) Firewall.
d) Ninguna de las respuestas anteriores es correcta.

9. ¿Cuál es una de las particularidades del protocolo TCP/IP?

a) Es un protocolo específico para dispositivos móviles.
b) No permite detectar paquetes perdidos.
c) Permite identificar paquetes no recibidos y solicitarlos de nuevo.
d) Ninguna de las anteriores.

10. ¿Qué pretenden los operadores con el uso del CG-NAT?

a) Usar una misma IP pública para varios usuarios.
b) Aumentar la velocidad de las conexiones.
c) Generar más tráfico en la red.
d) Ninguna de las anteriores.

11. Indica cuál de las siguientes direcciones IP es errónea:

a) 192.168.2.1
b) 192.256.2.5
c) 80.52.63.5
d) 123.2.1.1

12. Indica cuál de las siguientes opciones no es un navegador de Internet:

a) Edge.
b) Chrome.
c) Safari.
d) Filezilla.

13. Para ver el histórico de navegación en Edge, podemos hacer uso de la combinación de teclas:

a) Ctrl + Mayús + H.
b) Ctrl + H.
c) Mayús + H.
d) Ninguna de las anteriores

14. ¿Qué formato de compresión de imágenes se suele usar para las webs?

a) RAW.
b) MPEG.
c) JPG.
d) BMP.

15. Los enlaces a páginas web o partes de un documento se denominan:

a) Vínculos.
b) Anclas.
c) Extensiones.
d) Ventanas.

En MADTEST tienes **más preguntas de este tema**, y todos tus avances quedan registrados y se reflejan en el ranking.

¡Supera tus límites con MADTEST!

Solución al test n.º 14

1. b) Internet es una red de ordenadores descentralizada.

2. c) En 1990.

3. a) Banner.

4. d) LAN.

5. c) Java.

6. b) Server.

7. a) DNS.

8. c) Firewall.

9. c) Permite identificar paquetes no recibidos y solicitarlos de nuevo.

10. a) Usar una misma IP pública para varios usuarios.

11. b) 192.256.2.5.

12. d) Filezilla.

13. b) Ctrl + H.

14. c) JPG.

15. a) Vínculos.

Cómo acceder al Curso
Auxiliar Administrativo
Test

El uso de los códigos **es exclusivo de los compradores de los productos de Editorial MAD**. Cada producto posee un código único y de un solo uso. Es personal e intransferible y da acceso a servicios y contenidos adicionales. Editorial MAD se reserva el derecho de hacer cuantas comprobaciones sean necesarias para identificar al legítimo poseedor del código y dejar de dar servicio a quien haga uso fraudulento del mismo, además de emprender cuantas acciones legales estime oportunas según la legislación vigente.

Deberás acceder a:

mad.es/registro-campus

Si una vez aceptadas las condiciones de uso del Campus decides hacer uso del mismo, necesitarás del siguiente código de acceso junto con los códigos del resto de títulos que se exigen (si fuera el caso):

F6KAYPQL5H